◎爱问法律百科系列丛书◎

丛书主编 · 严威

关注热点

简明易懂

法律思维

爱问
法律百科

劳动法必知150问

中屠良瑜◎著

中国法制出版社
CHINA LEGAL PUBLISHING HOUSE

目录
CONTENTS

第一章　劳动法基础知识

第二章　劳动合同

第三章　工资薪酬

第四章　工作时间与休息休假

第五章　劳动安全卫生保障

第六章　女职工与未成年工特殊保护

第七章 社会保险和福利

第八章　劳动争议解决

第九章 劳动监督检查

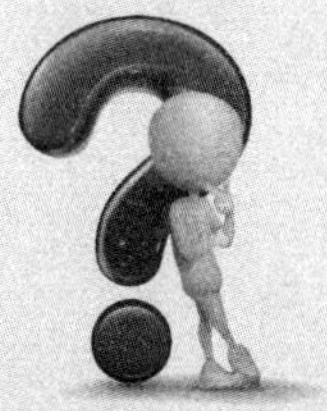

第一章

CHAPTER 1

劳动法基础知识

1.《劳动法》与《劳动合同法》是什么关系？

《劳动法》于1994年7月5日由第八届全国人大常务委员会通过，自1995年1月1日起施行。《劳动合同法》于2007年6月29日由第十届全国人大常务委员会通过，自2008年1月1日起施行。虽然两者都规定了劳动者法律保护的内容，且《劳动合同法》在《劳动法》之后颁布，但并不能因此认为《劳动合同法》取代了《劳动法》。《劳动法》虽然颁布时间较早，但它并没有被国家废止，仍然是现行有效的。《劳动法》与《劳动合同法》的关系，主要可以概括为以下几点：

（1）从颁布时间来看，《劳动法》颁布在前，《劳动合同法》颁布在后，《劳动法》是旧法，《劳动合同法》是新法。当两者关于同一内容的规定不一致时，根据新法优于旧法的原则，适用《劳动合同法》。（2）从法律效力范围来看，《劳动法》是一般法、母法，规定了劳动合同、工作时间、工资、劳动安全卫生、职业培训、社会保险、劳动争议等诸多劳动相关的法律内容；而《劳动合同法》是特别法，属于《劳动法》的子法，仅对劳动合同相关内容进行详细规定。因此，对工作时间、工资、劳动安全卫生等内容应当适用《劳动法》，而劳动合同的相关内容，如果《劳动法》和《劳动合同法》的规定不一致，根据特别法优于一般法的原则，应当优先适用《劳动合同法》。（3）从法律位阶来看，《劳动法》和《劳动合同法》都是全国人大常务委员会通过的法律，在我国的法律规范体系中，都属于一般法律的范畴，在效力上是平级的，《劳动法》与《劳动合同法》的法律效力层级并不存在谁高谁低的问题。

总的来说，《劳动法》和《劳动合同法》都是现行有效的国家法律，《劳动合同法》取代了《劳动法》的说法是错误的。只有在劳动合同相关的内容中，如果《劳动合同法》有不同于《劳动法》的内容，应当优先适用《劳动合同法》。而工作时间、工资、劳动安全卫生等内容应当适用《劳动法》。

例如，《劳动法》与《劳动合同法》均有关于“员工连续工作十年以上签署无固定期限劳动合同”的规定，但是两者的具体规定却有差别：《劳动法》第 20 条第 2 款规定，劳动者在同一用人单位连续工作满 10 年以上，当事人双方同意续延劳动合同的，如果劳动者提出订立无固定期限的劳动合同，应当订立无固定期限的劳动合同；而《劳动合同法》第 14 条第 2 款规定，劳动者在用人单位连续工作满 10 年的，劳动者提出或者同意续订劳动合同的，除劳动者提出订立固定期限劳动合同外，应当订立无固定期限劳动合同。假设劳动者某甲已经在 A 单位连续工作满 10 年了，当他与 A 单位续订劳动合同时，按照《劳动法》

的规定，只有当他要求与单位订立无固定期限劳动合同时，单位才应当和他订立无固定期限劳动合同；而按照《劳动合同法》的规定，除非某甲要求订立固定期限劳动合同，否则单位就应当默认和他订立无固定期限劳动合同。根据《劳动合同法》与《劳动法》的适用规则，这里应当适用《劳动合同法》，某甲无须主动和单位申请签订无固定期限劳动合同，单位应当主动与其订立无固定期限劳动合同。

2. 劳动法适用的主体和范围有哪些？

情景再现

某甲是一名家政服务业从业人员，2016年通过老乡介绍，来到了某乙家从事家政服务，主要负责保洁、三餐及照顾某乙的幼子。根据双方的约定，某甲每月工作28天，可申请休息2天，每天的工作时间为上午7点到晚上9点，某乙按月给付工资，月工资为人民币5000元。

某甲在某乙家工作了2年，但后期提供服务越来越不尽心，还经常请假。某乙认为某甲的服务不能满足自己的要求，于是辞退了某甲。但某甲认为她与某乙间存在劳动关系，应当受《劳动法》保护，而某乙既没有和她签订劳动合同，也没有按照《劳动法》的规定保障她休息休假的权利，于是某乙向劳动争议仲裁委员会申请仲裁，请求赔偿。某甲作为家政服务人员，其为某乙提供家政服务的行为受《劳动法》的保护吗？

法律分析

《劳动法》第 2 条规定：“在中华人民共和国境内的企业、个体经济组织（以下统称用人单位）和与之形成劳动关系的劳动者，适用本法。国家机关、事业组织、社会团体和与之建立劳动合同关系的劳动者，依照本法执行。”根据这一条的规定，《劳动法》适用于我国境内的用人单位与劳动者形成的劳动关系，即《劳动法》适用的主体为我国境内的用人单位与劳动者，适用的法律关系为两者间形成的劳动关系。

在我国，用人单位是指具有用人的权利能力和行为能力，通过雇用劳动者组织生产经营活动，并向劳动者支付工资等劳动报酬、提供社会保险等劳动保障的单位。根据《劳动法》与《关于贯彻执行〈中华人民共和国劳动法〉若干问题的意见》的规定，我国境内的企业、个体经济组织是当然的用人单位，国家机关、事业组织、社会团体视作用人单位。根据后颁布的《劳动合同法》及《劳动合同法实施条例》的规定，民办非企业单位、依法成立的会计师事务所、律师事务所等合伙组织和基金会也属于用人单位。而劳动者的最低就业年龄为 16 周岁。同时，劳动者应具备劳动能力条件，一方面需要具有相应劳动所需的劳动能力；另一方面应当具有行为自由，不能被依法限制人身自由。

劳动关系的成立以用人单位和劳动者为行为主体，根据原劳动和社会保障部《关于确立劳动关系有关事项的通知》，劳动关系的成立须满足以下 3 个条件：（1）用人单位和劳动者符合法律、法规规定的主体资格；（2）用人单位依法制定的各项劳动规章制度适用于劳动者，劳动者受用人单位的劳动管理，从事用人单位安排的有报酬的劳动；（3）劳动者提供的劳动是用人单位业务的组成部分。

与此同时，国家还明确规定了某些劳动关系及其他用工关系不适用《劳动法》，通常包括以下 7 种情况：（1）国家机关与公务员之间形成的劳动关系；（2）按照公务员制度执行的事业单位和社会团体与其工作人员之间形成的关系；（3）未实行聘任制的事业单位与其在编人员之间形成的关系；（4）军队与现役军人之间形成的关系；（5）农村集体经济组织与农业劳动者之间形成的关系；（6）雇主与家庭保姆之间形成的雇佣关系；（7）法律、法规规定的其他雇佣关系。

结合上述案例，某甲虽是劳动者，但某乙并非用人单位，双方之间形成的不是劳动关系，而是雇主与家庭保姆之间的雇佣关系。在这种情况下，双方的法律关系并不适用《劳动法》，不能申请劳动争议仲裁，而应根据《民法总则》《民法通则》《合同法》等进行争议解决。

3. 用人单位规章制度是由用人单位单方制定的吗?

根据《劳动法》第4条的规定，用人单位应当依法建立和完善规章制度，保障劳动者享有劳动权利和履行劳动义务。作为用人单位规范与约束劳动者劳动行为的重要依据，用人单位甚至可以以劳动者违反规章制度为由解除与劳动者的劳动合同。因此，如果规章制度由用人单位单方制定，将不利于劳动者合法权益的保护。为此，《劳动合同法》在《劳动法》的基础上，明确规定了用人单位应当将直接涉及劳动者切身利益的规章制度或重大事项决定公示，或者告知劳动者。根据《劳动合同法》第4条及其他相关规范，用人单位与劳动者共同制定规章制度。

（1）用人单位在制定、修改或者决定有关劳动报酬、工作时间、休息休假、劳动安全卫生、保险福利、职工培训、劳动纪律以及劳动定额管理等直接涉及劳动者切身利益的规章制度或者重大事项时，应当经职工代表大会或者全体职工讨论，提出方案和意见，与工会或者职工代表平等协商确定。需要注意的是，并不是用人单位所有的规章制度都需要提交职工代表大会或者全体职工讨论，只有那些直接涉及劳动者切身利益的规章制度才需要。

（2）在规章制度和重大事项决定的实施过程中，工会或者职工认为不适当的，有权向用人单位提出，通过协商予以修改和完善。与第一点不同的是，参与的主体不是职工代表大会和全体职工，而是工会和职工，原因在于：职工代表大会并非常设机构，仅定时召开，不便于对规章制度的日常实施进行监督并参与协商完善；工会作为代表职工利益、依法维护职工合法权益的群众组织，根据《工会法》的规定，有权代表职工对用人单位制定的直接涉及劳动者切身利益的规章制度或者重大事项决定实施进行监督，并对不适当的地方向用人单位提出修改完善意见。

（3）用人单位应当将直接涉及劳动者切身利益的规章制度和重大事项决定公示，或者告知劳动者。保障劳动者对直接涉及自身切身利益的规章制度和重大事项决定的知情权是劳动者参与制定、修改规章制度的必要前提。为了保障劳动者的知情权，用人单位应当将直接涉及劳动者切身利益的规章制度和重大事项决定告知劳动者，告知的方式可以多样：可以在用人单位的实体告示栏或者网络办公系统告示栏予以张贴，可以把规章制度作为劳动合同的附件发给劳动者，也可以作为《员工手册》《员工须知》的一部分发放给劳动者。

4. 能够与劳动者订立劳动合同的主体有哪些？

根据《劳动法》第2条的规定，在我国境内的企业、个体经济组织和与之形成劳动关系的劳动者，适用《劳动法》；国家机关、事业单位、社会团体和与之建立劳动合同关系的劳动者，依照《劳动法》执行。又根据《劳动合同法》第2条的规定，我国境内的企业、个体经济组织、民办非企业单位等组织与劳动者建立劳动关系，订立、履行、变更、解除或终止劳动合同，适用《劳动合同法》；国家机关、事业单位、社会团体和与其建立劳动关系的劳动者，订立、履行、变更、解除或者终止劳动合同，依照《劳动合同法》执行。

从法律的规定来看，能够与劳动者订立劳动合同的主体只能是用人单位，而用人单位主要是指我国境内的企业、个体经济组织、民办非企业单位等组织，以及国家机关、事业单位和社会团体。同时，根据《劳动合同法实施条例》第3条规定，依法成立的会计师事务所、律师事务所等合伙组织和基金会，属于《劳动合同法》规定的用人单位。应当明确的是，劳动法意义上的用人单位仅指企业、个体经济组织等团体性的组织，而不包括自然人。自然人与其雇用的劳动者之间应为劳务关系，而非劳动合同关系，应适用《民法通则》《合同法》等民事法律规范，而不适用《劳动法》《劳动合同法》等劳动法律规范。

5. 劳动者享有哪些原则性权利？

劳动者作为劳动关系中的一方主体，相对于用人单位而言，是弱势的一方。我国《劳动法》为保护劳动者，明确规定了劳动者可享有的原则性权利，用人单位及其他个人或组织依法不得侵犯劳动者的原则性权利。

根据《劳动法》第 3 条的规定，劳动者的原则性权利包括以下 8 项：（1）平等就业和选择职业的权利；（2）取得劳动报酬的权利；（3）休息休假的权利；（4）获得劳动安全卫生保护的权利；（5）接受职业技能培训的权利；（6）享受社会保险和福利的权利；（7）提请劳动争议处理的权利；（8）法律规定的其他劳动权利，如参加和组织工会的权利。

与此同时，《劳动法》通过具体的章节、条文对劳动者享有的原则性权利又作了详细规定。例如，针对“平等就业和选择职业的权利”，《劳动法》第 12 条规定：“劳动者就业，不因民族、种族、性别、宗教信仰不同而受歧视。”第 13 条针对就业性别歧视问题，又明确规定了“妇女享有与男子平等的就业权利。在录用职工时，除国家规定的不适合妇女的工种或者岗位外，不得以性别为由拒绝录用妇女或者提高对妇女的录用标准”。

6. 劳动者应遵循哪些义务？

根据我国宪法的规定，劳动既是公民的法定权利，也是公民的法定义务。而根据《劳动法》第3条的规定，劳动者在享有一系列劳动保障的权利的同时，也必须履行相应的劳动义务，包括：（1）完成劳动任务的义务；（2）提高职业技能的义务；（3）执行劳动安全卫生规程的义务；（4）遵守劳动纪律和职业道德的义务。

在上述4项劳动义务中，完成劳动任务是最根本的义务。用人单位雇用劳动者，向他们支付劳动报酬的根本目的在于促使劳动者提供劳动，而劳动者劳动的目的即在于完成劳动任务，若劳动者无法有效完成劳动任务就是最大的失职。提高职业技能和执行劳动安全卫生规程，既是劳动者的义务，也是劳动者享有的劳动权利，具有一体两面性。用人单位与劳动者必须相互配合，用人单位应提供劳动安全卫生保护和职业技能培训，保障劳动者的权利；劳动者也应当执行用人单位的劳动安全卫生规程，参加职业技能培训以提高职业技能，履行法定的义务。而现代劳动关系下，用人单位组织劳动者进行有序的生产经营活动，为保障生产活动的高效运行，劳动者必须严格履行岗位职责，遵守劳动纪律和职业道德，这样既有利于生产经营活动的组织，也保障了用人单位的合法权益。

《劳动法》对劳动者没有切实履行劳动义务的行为也作出了相应的处罚规定。例如，《劳动法》第25条规定，劳动者严重违反劳动纪律或者用人单位规章制度的；严重失职，营私舞弊，对用人单位利益造成重大损害的，用人单位可以解除劳动合同。又如，《劳动法》第26条规定，劳动者不能胜任工作，经过培训或者调整工作岗位，仍不能胜任工作的，用人单位可以提前30日以书面形式通知劳动者本人（根据《劳动合同法》第40条的规定，也可以额外支付劳动者一个月工资），与劳动者解除劳动合同。

7. 什么是劳动者平等就业权？

情景再现

2014年，女大学生某甲应聘杭州市A公司文案岗位，她认为自己的学历以及实习经历等均符合A公司文案岗位的招聘要求，便在某应聘网站上提交了简历。等待多天后没有得到任何回复，某甲又登录相关招聘网页查看招聘要求，才发现该公司的招聘信息有一条“限男性”的要求。某甲表示不解，打电话咨询A公司的人事部门，对方坚持只要男性，称这个岗位不适合女生。某甲认为A公司的行为涉嫌对女性的就业歧视，遂向法院提起了诉讼。

法院作出判决，认定A公司不对某甲是否符合其招聘条件进行审查，而直接以某甲为女性、公司需要招录男性为由拒绝招聘某甲，其行为侵犯了某甲平等就业的权利，属于就业歧视。基于此，法院判定A公司侵犯了某甲的平等就业权，赔偿某甲2000元精神损害抚慰金。

法律分析

就业歧视是劳动市场上的普遍问题，它是指用人单位没有合法依据而基于种族、肤色、宗教、政治见解、民族、社会出身、性别、户籍、残障或者身体健康状况、年龄、身高、语言等原因，采取区别对待、排斥或者给予优惠等任何违反平等权的措施侵犯劳动者劳动权利的行为。《劳动法》明确规定，劳动者享有平等就业和选择职业的权利，这是《劳动法》规定的劳动者的根本权利之一。就业歧视是对劳动者平等就业权的严重侵犯。

根据《劳动法》第2章的规定，劳动者平等就业的权利是指用人单位如果没有法定的理由，如部分工种或者岗位确不适合女性劳动者，不能基于劳动者的种族、宗教、民族等对其区别对待，不仅包括在聘用上不得区别对待，还包括在劳动者日常管理、晋升等工作期间不得区别对待。不过，对女职工和未成年工的特殊保护不属于不合法的区别对待。

8. 劳动者有年龄限制吗?

情景再现

某甲14岁时初中毕业，因家庭条件不好未上高中，辍学后前往某城市找工作。但他找工作却屡屡受挫，众多用人单位均因为他年龄偏小而拒绝录用他。但某甲认为自己身强力壮，完全能够胜任那些工作要求。为此，某甲咨询了当地劳动局，劳动局答复说他的年龄低于法律规定的最低劳动年龄，不能成为一名“劳动者”，只有等他年满16周岁了，用人单位才能雇用他，并和他签订劳动合同。

法律分析

劳动能力是合格劳动者必须具备的，因为劳动者只能亲自进行劳动。此外，对于一些特定的行业，劳动者的劳动能力还必须满足行业的特殊要求，如患有传染病的人不能从事餐饮业。在更广泛的意义上，劳动者的劳动能力还应当包括劳动者必须具备的行为自由。因为有劳动能力的公民还需要具有行为自由，才能以自己的行为去参加劳动。所以，被依法剥夺人身自由的公民，如被劳动教养、被判处有期徒刑的人，不能与用人单位建立劳动关系。

但是，具有劳动能力和劳动自由并不意味着就能成为法律意义上的合格劳动者。国家从保护未成年人与老人合法权益的角度出发，为劳动者设置了年龄限制，不满足年龄要求的个人同样不能与用人单位签订劳动合同，从事劳动。劳动者的年龄限制，包括最低年龄限制和最高年龄限制。

（1）最低年龄限制。根据《劳动法》第15条的规定，禁止用人单位招用未满16周岁的未成年人。只有某些特定的用人单位才能招用未满16周岁的未成年人，具体是指文艺、体育单位经未成年人的父母或者其他监护人同意，可以招用不满16周岁的专业文艺工作者、运动员。用人单位不得违反法律规定招用未满16周岁的公民就业，否则将承担相应的法律责任。与此同时，我国《劳动法》《未成年工特殊保护规定》对于用人单位招用年满16周岁、未满18周岁的未成年工还有特别规定。总体而言，未成年工不得从事有可能危害未成年人健康、安全或道德的职业或工作；不得安排未成年工从事矿山井下、有毒有害、国家规定的第四级体力劳动强度的劳动和其他禁忌从事的劳动。

（2）最高年龄限制。根据《劳动法》《劳动合同法》的规定，劳动者退休后开始享受养老保险待遇，同时与用人单位的劳动合同终止。由此，当劳动者达到退休年龄后，在法律上就否定了他们“劳动者”的身份，既要与现有的用人单位终止劳动合同，也不能与其他用人单位重新签订新的劳动合同。当前法定退休年龄为男性 60 周岁，女性 55 周岁。

9. 用人单位合法制定的规章制度是否对劳动合同有规范效力?

根据《劳动法》《劳动合同法》的规定，用人单位应当依法建立和完善劳动规章制度，保障劳动者享有劳动权利、履行劳动义务。用人单位规章制度的内容，主要是关于劳动报酬、工作时间、休息休假、劳动安全卫生、保险福利、职工培训、劳动纪律以及劳动定额管理等内容。而劳动合同作为用人单位与劳动者建立劳动关系的凭证，它的主要内容也包括工作时间、休息休假、劳动报酬、社会保险、劳动保护、劳动条件和职业危害防护等。可以说，劳动合同与用人单位的规章制度在内容上具有相同性，劳动合同中关于上述内容的约定实际上是用人单位对自身规章制度的重申与强调。因此，用人单位制定的劳动规章制度，在法律上应视为劳动合同的附件。劳动合同有准身份合同的性质，劳动者通过与用人单位依法订立劳动合同，确立劳动关系后即加入用人单位，成为其中的一员，服从用人单位指挥、安排与监督，即双方在一定意义上存在附属性，劳动者不仅负有劳动义务，还承担法定义务如服从义务、保密义务等。所以，用人单位制定的规章制度只要不违反法律法规的规定，劳动者就应当负有遵循义务。

10. 劳动法框架下国家有哪些职责?

国家有义务发展劳动事业，促进劳动者生活水平的逐步提高。为此，国家应当承担以下6项职责：

（1）促进劳动就业。国家通过促进经济和社会发展，创造就业条件，扩大就业机会；鼓励企业、实业组织、社会团体在法律、行政法规规定的范围内兴办产业或者扩展经营，增加就业；支持劳动者自愿组织就业和从事个体经营实现就业。与此同时，地方各级人民政府应当发展多种类型的职业介绍机构，提供就业服务。此外，国家对残疾人、少数民族人员、退伍军人的就业也有鼓励政策。

（2）发展职业教育。职业教育是指对劳动者或未来的劳动者实施的可从事某种职业或生产劳动所必需的职业知识、技能和职业道德的教育，包括职业学校教育和职业培训。国家努力发展初级、中级和高级职业学校教育，促进各类职业教育学校发展。同时，在职业培训方面，国家则鼓励和支持有条件的企业、事业组织、社会团体和个人开展各种形式的职业培训，鼓励劳动者参加职业培训。

（3）制定劳动标准。劳动标准是指对劳动者、劳动过程、劳动条件和劳动关系以及相关管理活动等方面的重复性事物、概念和行为作出的统一规定。典型的劳动标准如最低工资标准、工时标准等。人力资源和社会保障部专门设立了劳动标准处，对劳动定额定员、女工和未成年工保护、工时休假等劳动标准作出规定。

（4）调节社会收入。在劳动法框架下，国家主要通过实行最低工资保障制度、社会保险制度、就业帮扶措施等实现调节社会收入，促使社会收入分配相对公平，社会群体收入差距相对可控。

（5）完善社会保障。《劳动法》第 70 条规定："国家发展社会保险事业，建立社会保险制度，设立社会保险基金，使劳动者在年老、患病、工伤、失业、生育等情况下获得帮助和补偿。"目前，我国已经建立了由养老保险、医疗保险、工伤保险、失业保险、生育保险组成的社会保险体系，为劳动者提供全方位的社会保障。

（6）协调劳动关系。国家主要通过劳动争议的解决协调劳动关系。根据《劳动法》的规定，劳动争议的解决途径主要有调解、仲裁、诉讼 3 种。《劳动法》第 79 条规定："劳动争议发生后，当事人可以向本单位劳动争议调解委员会申请调解；调解不成，当事人一方要求仲裁的，可以向劳动争议仲裁委员会申请仲裁。当事人一方也可以直接向劳动争议仲裁委员会申请仲裁。对仲裁裁决不服的，可以向人民法院提起诉讼。”

11. 什么是工会？

根据我国《工会法》第 2 条第 1 款的规定，工会是职工自愿结合的工人阶级的群众组织。第 3 条规定，在我国境内的企业、事业单位、机关中以工资收入为主要生活来源的体力劳动者和脑力劳动者，不分民族、种族、性别、职业、宗教信仰、教育程度，都有依法参加和组织工会的权利。任何组织和个人不得阻挠和限制。

工会作为职工间的群众组织，它的基本职责是维护职工合法权益。工会通过平等协商和集团合同制度，协调劳动关系，维护企业职工的劳动权益。

12. 工会有哪些职责？

根据《工会法》第 3 章“工会的权利和义务”的规定，工会的具体职能，主要包括以下 8 项：（1）工会有权纠正用人单位违反职工代表大会制度和其他民主管理制度的行为。（2）工会帮助、指导职工与用人单位签订劳动合同；工会代表职工与用人单位进行平等协商，签订集体合同。用人单位违反集体合同，侵犯职工劳动权益的，工会可以依法要求用人单位承担责任。（3）工会对用人单位处分职工的行为有权提出意见，并对维权职工给予支持和帮助。（4）对于用人单位违反劳动法律、法规的规定，侵犯职工劳动权益的行为，工会应当代表职工与用人单位交涉，要求用人单位改正；用人单位拒不改正的，工会可以请求当地人民政府依法作出处理。（5）工会依照国家规定对新建、扩建企业和技术改造工程中的劳动条件和安全卫生设施与主体工程同时设计、同时施工、同时投产使用进行监督。（6）工会发现企业违章指挥、强令工人冒险作业，或者生产过程中发现明显重大事故隐患和职业危害，有权提出解决的建议。（7）工会有权参加职工因工伤亡事故和其他严重危害职工健康问题的调查处理。（8）用人单位发生停工、怠工事件，工会应当代表职工同企业、事业单位或者有关方面协商，反映职工的意见和要求并提出解决意见。

13. 劳动工作的主管部门是什么？

《劳动法》第 9 条规定，国务院劳动行政部门主管全国劳动工作。县级以上地方人民政府劳动行政部门主管本行政区域内的劳动工作。按照统一领导、分级管理的原则，地方层面上，我国县级以上各级人民政府都设立了劳动行政管理部门；中央层面上，最初由原劳动部负责相关工作，1998 年 3 月在原劳动部基础上成立了原劳动和社会保障部，负责劳动行政管理工作及社会保障行政管理工作，2008 年原劳动和社会保障部与原人事部整合，组建了新的人力资源和社会保障部，作为国务院劳动行政部门。

14. 劳动行政主管部门有哪些职责？

人力资源和社会保障部与劳动工作相关的主要工作职责如下：

（1）拟订人力资源和社会保障事业发展规划、政策，起草人力资源和社会保障法律、法规草案，制定部门规章，组织实施和监督检查。

（2）拟订人力资源市场发展规划和人力资源流动政策，建立统一规范的人力资源市场，促进人力资源合理流动、有效配置。

（3）负责促进就业工作，拟订统筹城乡的就业发展规划和政策，完善公共就业服务体系，拟订就业援助制度，完善职业资格制度，统筹建立面向城乡劳动者的职业培训制度，牵头拟订高校毕业生就业政策，会同有关部门拟订高技能人才、农村实用人才培养和激励政策。

（4）统筹建立覆盖城乡的社会保障体系。统筹拟订城乡社会保险及其补充保险政策和标准，组织拟订全国统一的社会保险关系转移接续办法和基础养老金全国统筹办法，统筹拟订机关企事业单位基本养老保险政策并逐步提高基金统筹层次。会同有关部门拟订社会保险及其补充保险基金管理和监督制度，编制全国社会保险基金预决算草案，参与制定全国社会保障基金投资政策。

（5）负责就业、失业、社会保险基金预测预警和信息引导，拟订应对预案，实施预防、调节和控制，保持就业形势稳定和社会保险基金总体收支平衡。

（6）会同有关部门拟订机关、事业单位人员工资收入分配政策，建立机关企事业单位人员工资正常增长和支付保障机制，拟订机关企事业单位人员福利和离退休政策。

（7）统筹拟订劳动、人事争议调解仲裁制度和劳动关系政策，完善劳动关系协调机制，制定消除非法使用童工政策和女工、未成年工的特殊劳动保护政策，组织实施劳动监察，协调劳动者维权工作，依法查处重大案件。

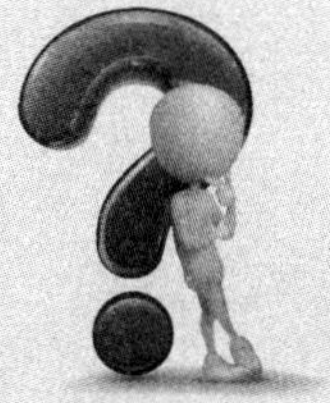

第二章

CHAPTER 2

劳动合同

15. 劳动关系与劳务关系有什么区别?

劳动关系是指用人单位与劳动者之间依法签订劳动合同而在劳动者与用人单位之间产生的法律关系。劳动者接受用人单位的管理，从事用人单位安排的工作，成为用人单位的成员，从用人单位领取劳动报酬，受劳动保护。劳务关系则是指劳动者与用工者根据口头或书面约定，由劳动者向用工者提供一次性的或者是特定的劳动服务，用工者依约向劳动者支付劳务报酬的一种有偿服务的法律关系。劳动关系与劳务关系都是劳动力的交换，一方提供劳动力，作出劳动行为，而另一方则相应地支付报酬。劳务关系与劳动关系的区别是显著的，主要包含以下6点：

（1）法律依据不同。劳动关系由《劳动合同法》规范和调整，而且建立劳动关系应签订书面劳动合同。劳务关系由《民法总则》《民法通则》《合同法》进行规范和调整，建立和存在劳务关系的当事人之间是否签订书面劳务合同，由当事人双方协商确定。

（2）主体不同。劳动关系中的一方应是符合法定条件的用人单位，另一方是自然人，而且必须是符合劳动年龄条件，且具有与履行劳动合同义务相适应的能力的自然人；劳务关系的主体类型较多，如可以是两个用人单位，也可以是两个自然人。

（3）双方是否存在隶属关系。处于劳动关系中的用人单位与当事人之间存在着隶属关系。而劳务关系中，不存在一方是另一方的职工且受其管理约束的隶属关系。

（4）双方承担的义务不同。劳动关系中的用人单位必须按照法律、法规和地方规章等为职工办理社会保险的义务，且用人单位承担其职工的社会保险义务是法律的确定性规范；而劳务关系中的一方不存在必须为另一方办理社会保险的义务。

（5）管理方式不同。用人单位具有对劳动者违章违纪行为进行处理的管理权。劳务关系中的一方对另一方虽然也可以不再雇用，或者要求另一方承担一定的经济责任，但不存在一方取消另一方的职工“身份”的情况，即不包括因其过错而解除劳动合同或给予纪律处分等形式。

（6）支付报酬的方式不同。劳动关系中，用人单位对劳动者具有行使工资、奖金等方面的分配权利。而在劳务关系中，一方向另一方支付的报酬完全由双方协商确定，付出劳务的一方得到的是根据权利义务平等、公平等原则事先约定的报酬。

16. 用人单位与劳动者未订立书面劳动合同，能确定劳动关系吗？

情景再现

某甲于2016年11月离开农村老家进城务工，在某小区从事保安工作，小区物业公司并未与某甲签订劳动合同，而是口头与他约定了每月工资3000元，每月可以休息4天，时间由公司安排。2017年7月，某甲因为家里农忙向公司申请回家农作5天，等他忙完回来却被告知因无故旷工被开除了。某甲认为公司开除他的行为违法，请求当地劳动局援助，要求公司予以赔偿。

法律分析

某甲获得赔偿的关键是要确定他与物业公司之间存在劳动关系。根据上述事实，他与物业公司之间实际上已经确定了事实劳动关系。事实劳动关系是指用人单位与劳动者没有订立书面合同，但双方实际履行了劳动权利义务而形成的劳动关系。事实劳动关系主要有以下几种形式：（1）应签订而未签订劳动合同；（2）以口头问答代替书面合同；（3）以其他合同代替劳动合同，如在租赁合同、承包合同、兼并合同中规定职工的安置条件和待遇问题；（4）劳动合同期满后，未终止或未签订手续而形成的劳动关系；（5）劳动合同必备条款欠缺或部分内容违法，导致合同无效而形成的劳动关系。

关于事实劳动关系的认定，根据原劳动和社会保障部《关于确立劳动关系有关事项的通知》，用人单位招用劳动者未订立书面劳动合同，但具备下列情形的，劳动关系成立：（1）用人单位和劳动者符合法律、法规规定的主体资格；（2）用人单位依法制定的各项劳动规章制度适用于劳动者，劳动者受用人单位的劳动管理，从事用人单位安排的有报酬的劳动；（3）劳动者提供的劳动是用人单位业务的组成部分。

用人单位未与劳动者签订劳动合同，认定双方存在劳动关系时可参照下列凭证：（1）工资支付凭证或记录（职工工资发放花名册）、缴纳各项社会保险费的记录；（2）用人单位向劳动者发放的“工作证”“服务证”等能够证明身份的证件；（3）劳动者填写的用人单位招工招聘“登记表”“报名表”等招用记录；（4）考勤记录；（5）其他劳动者的证言等。其中，（1）（3）（4）项的有关凭证由用人单位负举证责任。用人单位招用劳动者符合上述规定的情形的，用人单位应当与劳动者补签劳动合同，劳动合同期限由双方协商确定。

综上，某甲与物业公司建立了事实劳动关系，某甲请假回家务农后按时返回工作，物业公司无权擅自开除他，应当对其进行经济赔偿。

17. 冒用他人身份与用人单位签订劳动合同是否影响劳动关系的认定？

情景再现

2016年10月，A公司向社会招聘驾驶员，要求年龄在25岁至40岁之间。某甲已满42岁，为获得A公司的驾驶员岗位，借用了与自己长相相似的表弟某乙的身份证参加了应聘，并获得了该工作机会。2016年11月，某甲以某乙的名义与A公司签订了书面劳动合同。2017年9月，某甲在上班途中被火车撞伤，造成左下肢粉碎性骨折。事后，某甲向劳动保障行政部门申请工伤认定。在工伤认定过程中，A公司指出其与某甲并没有劳动关系，拒绝承担工伤保险责任。随后，某甲向当地劳动争议仲裁委员会提出确认劳动关系的仲裁申请。在仲裁过程中，A公司认为某甲冒用某乙身份，伪造年龄，属于欺诈，双方签订的劳动合同无效，实际上不存在劳动关系。

法律分析

根据《劳动法》第18条以及《劳动合同法》第26条的规定，采用欺诈手段，使对方在违背真实意思的情况下订立的劳动合同无效。在上述案例中，某甲为满足A公司招聘“年龄在25岁至40岁之间”的条件，冒用某乙的身份与A公司签订劳动合同的行为，构成欺诈，他与A公司签订的劳动合同应当无效。但是，自2016年11月开始，他已经在A公司从事驾驶员工作，他与A公司之间的劳动合同被认定无效是否影响劳动关系的认定呢？

应当明确的是，劳动合同的效力认定与劳动关系的认定不能完全等同。根据《劳动合同法》第7条的规定，用人单位自用工之日起即与劳动者建立劳动关系，用人单位对劳动者是否存在实际用工的事实是双方是否存在劳动关系的唯一标准。某甲自2016年11月开始在A公司从事劳动工作，双方的劳动合同虽被认定无效，但劳动关系是客观存在的，双方应当为存在事实劳动关系，某甲作为劳动者的权益应当受到法律保护。若某甲被认定为工伤，A公司应当承担相应的工伤保险责任。

不过，应当注意的是，劳动者在就业时应当使用自己的真实身份证，不得冒用他人身份，更不能使用不符合自己年龄等实际情况的假身份证，以免在享受社会保险待遇时受到阻碍，难以保障自身的合法权益。用人单位在招录新员工时也应当严格核查身份证件，避免日后发生用工风险。

18. 已退休人员能和用人单位建立劳动关系吗?

情景再现

某甲从工厂退休后不想赋闲家中，于是在某餐厅找到了一份洗碗工的工作，餐厅与某甲约定月工资2000元，按月发放，双方并没有签订书面劳动合同。2015年1月，某甲在工作中受伤，未再继续工作。2015年3月，某甲向餐厅申请工伤赔偿，餐厅以双方不存在劳动关系为由拒绝。某甲随后向当地劳动争议仲裁委员会提起劳动仲裁，但仲裁委员会以某甲超过法定退休年龄，不符合劳动法律法规所规定的劳动者主体资格为由，裁定不予受理。

法律分析

对于已达法定退休年龄人员能否建立劳动关系，《劳动法》以及《劳动合同法》虽然均无明确规定，但是在劳动法律法规的实施中，相关行政法规以及涉养老保险等规章制度，并未将已达法定退休年龄人员务工纳入劳动法律关系的保障范围。《劳动合同法实施条例》第21条规定："劳动者达到法定退休年龄的，劳动合同终止。"《最高人民法院关于审理劳动争议案件适用法律若干问题的解释（三）》第7条规定："用人单位与其招用的已经依法享受养老保险待遇或领取退休金的人员发生用工争议，向人民法院提起诉讼的，人民法院应当按劳务关系处理。"

事实上，超过法定退休年龄人员参加劳动，仍然受到法律保护，但主要是通过一般民事法律尤其是《合同法》进行规范和保护，而不在《劳动法》《劳动合同法》的调整范围内。劳动关系是《劳动法》《劳动合同法》调整的法律关系领域，对于劳动关系的保护具有体系化、特定化的特征，涉及签订书面劳动合同、签订无固定期限劳动合同、缴纳社会保险以及解除合同补偿金等诸多劳动法律问题，不能将各类社会用工关系全部纳入劳动法律关系，否则将冲击劳动合同法的法定调整范围，超出劳动合同法对于社会纠纷的调整能力。对于已退休人员继续工作的，完全能够以劳务关系进行调整，适用民事法律规范。

因此，在上述案例中，某甲可以通过《合同法》《侵权责任法》等请求某餐厅予以赔偿，而不能根据《劳动法》《劳动合同法》等请求工伤赔偿。

19. 三方协议与劳动合同有什么区别？

《全国普通高等学校毕业生就业协议书》，简称就业协议书，俗称三方协议，是由教育部高校学生司统一制定，各省市（自治区）教育主管部门印制的，明确毕业生、用人单位、学校三方在毕业生就业工作中的权利和义务，由毕业生、用人单位、学校三方签订的协议。三方协议由应届毕业生在找到工作时向所在学校申领，由毕业生与用人单位、学校签署，用于证明毕业生已经被某个用人单位所聘用。三方协议与劳动合同，主要有以下 4 点区别：

（1）主体不同。三方协议的主体是三方，即学校、毕业生和用人单位；而劳动合同的主体是两方，即劳动者和用人单位。

（2）内容不同。三方协议的主要内容是毕业生如实介绍自身情况，表示愿意到用人单位就业、用人单位表示愿意接收毕业生，学校同意推荐毕业生并列入就业方案；而劳动合同是记载劳动者和用人单位的权利和义务，是劳动关系确立的法律凭证。

（3）目的不同。三方协议是毕业生和用人单位关于将来就业意向的初步约定，是编制毕业生就业方案和将来双方订立劳动合同的依据。而劳动合同主要是劳动关系确立后使劳动者和用人单位的合法权益得到应有的保障。

（4）适用的法律不同。三方协议的制定、发生争议后的解决主要依据《国家关于高校毕业生就业的规定》《民法通则》《民法总则》《合同法》等，而劳动合同的订立以及发生争议后主要依据《劳动法》和《劳动合同法》解决。

20. 劳动合同应当包含哪些内容？

为确保劳动合同的公平合理，维护劳动者的合法权益，我国法律明确要求用人单位在与劳动者签订的劳动合同中，必须包括某些必备要素。根据《劳动法》第19条的规定，劳动合同必须具备以下7类条款：（1）劳动合同期限；（2）工作内容；（3）劳动保护和劳动条件；（4）劳动报酬；（5）劳动纪律；（6）劳动合同终止的条件；（7）违反劳动合同的责任。

而作为新法、特别法的《劳动合同法》，在总结先前《劳动法》实施过程中的经验教训的前提下，对于劳动合同必须具备的内容有更为详细的规定。《劳动合同法》第17条规定劳动合同必须包含的条款包括9类：（1）用人单位的名称、住所和法定代表人或者主要负责人；（2）劳动者的姓名、住址和居民身份证或者其他有效身份证件号码；（3）劳动合同期限；（4）工作内容和工作地点；（5）工作时间和休息休假；（6）劳动报酬；（7）社会保险；（8）劳动保护、劳动条件和职业危害防护；（9）法律、法规规定应当纳入劳动合同的其他事项。除此之外，根据《劳动合同法》的规定，用人单位和劳动者还可以在劳动合同中约定试用期、培训、保守秘密、补充保险和福利待遇等其他事项。

21. 劳动合同中未明确约定劳动报酬时应如何确定劳动报酬?

情景再现

某甲高中毕业后未考上大学，到城里某电子装配厂工作，电子装配厂与他签订了书面劳动合同。在劳动报酬方面，劳动合同中并没有明确约定，而是笼统地写着“根据公司经营状况及劳动者工作情况予以确定”。某甲对此不置可否。在最初工作的1年中，该电子装配厂每月给付3000元的劳动报酬给某甲，某甲对此也十分满意。1年后，某甲认为自己的工作量较刚入职时增加了近一半，公司的经营状况良好，于是他向公司申请涨工资，但屡屡被拒绝。某甲对此不理解，向劳动局寻求援助。

法律分析

《劳动合同法》第18条规定：“劳动合同对劳动报酬和劳动条件等标准约定不明确，引发争议的，用人单位与劳动者可以重新协商；协商不成的，适用集体合同规定；没有集体合同或者集体合同未规定劳动报酬的，实行同工同酬；没有集体合同或者集体合同未规定劳动条件等标准的，适用国家有关规定。”该条确定了因劳动合同对劳动报酬、劳动条件等标准约定不明确而引发争议时的4种处理方法：（1）重新协商；（2）适用集体合同规定；（3）劳动报酬实行同工同酬；（4）适用国家的有关规定。

上述案例中，某甲与公司先行协商不成，向劳动局寻求援助，劳动局可要求该公司根据同工种集体合同的劳动报酬规定给付某甲工资；如果该工种没有集体合同，则可要求对某甲实行同工同酬。根据同工同酬的原则，结合某甲实际增加的工作量等情况确定某甲应得的工资。

22. 用人单位能否单方面变更劳动者的工作地点？

情景再现

某甲于2016年4月进入某商贸公司，在该公司门头沟店从事销售工作，并签订了为期3年的劳动合同。该合同约定工作地点为“北京”。2017年3月2日，商贸公司以工作需要为由将某甲调至所属的朝阳门店工作，并明确告知某甲其岗位和工资待遇等均无变化。但某甲认为变更后的工作地点离其住所较远，不同意调动，并且拒不到岗工作。2017年3月25日，商贸公司根据劳动合同中关于“劳动者在一个年度内连续或累计旷工3天以上，用人单位可以解除劳动合同”的约定，以旷工为由做出了与某甲解除劳动合同的处理。某甲对解除劳动合同的处理不服，认为公司变更其工作地点，应当首先与其协商，在未得到其认可的情况下，应视为无效。某甲向劳动争议仲裁委员会提起仲裁申请，要求公司撤销解除劳动合同的处理决定，并向其支付违法解除劳动合同的赔偿金。

法律分析

根据《劳动合同法》的规定，工作地点是用人单位与劳动者签订劳动合同所应约定的必备条款之一，对于劳动合同中工作地点的变更，原则上需要用人单位与劳动者协商一致才能进行调整。劳动合同中没有约定工作地点争议的，处理原则为“有约定的，从其约定；无约定的，依据实际履行的情况确定”。因此，用人单位同样不得仅以工作地点在劳动合同中没有明确约定为由，无正当理由单方变更劳动者的工作地点。不过，用人单位可以与劳动者在劳动合同中明确约定用人单位可以单方面变更劳动者的工作地点。在此前提下，如用人单位确有客观需要，可以在采取了合理的弥补措施（如提供交通补助、班车），且在不影响劳动者正常生活的情形下，对劳动者的工作地点进行变更。

23. 签订无固定期限劳动合同意味着拿到了“铁饭碗”吗?

情景再现

某甲大学毕业后即到A公司工作，在和A公司连续签订了两次固定期限劳动合同后，再次续签劳动合同时，某甲与A公司协商一致，签订了一份无固定期限劳动合同。在签订了无固定期限劳动合同后，某甲自认为得到了“铁饭碗”，对工作不如原先那么用心，常常出现纰漏，甚至无故旷工早退，最终导致他负责的工作出现严重事故，给A公司造成了巨大损失。A公司决定与某甲解除劳动合同，而某甲认为他与A公司之间签订了无固定期限劳动合同，A公司不能开除他。

法律分析

无固定期限劳动合同并非“铁饭碗”。根据《劳动合同法》第14条第1款的规定，无固定期限劳动合同是指用人单位与劳动者约定无确定终止时间的劳动合同。因此，无固定期限劳动合同并非不会终止，只是没有确定的终止时间而已。在出现了法定或约定的劳动合同终止事由时，无固定期限劳动合同同样会终止。通常来说，法定的终止情形主要包括以下几种:（1）用人单位与劳动者协商一致解除劳动合同；（2）劳动者提前30日以书面形式通知用人单位解除劳动合同；（3）当用人单位出现未按照劳动合同约定提供劳动保护或者劳动条件、未及时足额支付劳动报酬等情况时，劳动者直接解除劳动合同；（4）劳动者出现严重违反用人单位的规章制度，严重失职、营私舞弊给用人单位造成重大损害等情形时，用人单位直接解除劳动合同；（5）劳动者出现不能胜任工作，经过培训或者调整工作岗位，仍不能胜任工作等情形时，用人单位提前30日以书面形式通知劳动者本人或者额外支付劳动者一个月工资后解除劳动合同；（6）用人单位进行经济性裁员，确须裁减与单位订立无固定期限劳动合同的劳动者时。不过，当劳动者出现患病或者非因工负伤，在规定的医疗期内，或者在本单位患职业病或者因工负伤并被确认丧失或者部分丧失劳动能力等情况时，用人单位不能依照上述的第5项、第6项与劳动者解除劳动合同。

上述案例中，某甲严重失职给A公司造成了巨大损失，符合法定的劳动合同解除事由，A公司依法有权解除与某甲的劳动合同。

24. 在什么情况下用人单位应当与劳动者订立无固定期限劳动合同？

根据《劳动合同法》第14条第1款的规定，无固定期限劳动合同是指用人单位与劳动者约定无确定终止时间的劳动合同。这种合同适用于工作保密性强、技术复杂，又需要保持人员稳定的岗位。对于用人单位来说，签订无固定期限劳动合同有利于维护其经济利益，减少因频繁更换关键岗位的关键人员带来的损失。对于劳动者来说，也有利于实现长期稳定就业，钻研业务技术。根据《劳动合同法》第 14 条第 2 款、《劳动合同法实施条例》第 11 条规定，当符合下列情形时，用人单位应当与劳动者订立无固定期限劳动合同：

（1）劳动者已在该用人单位连续工作满 10 年的，即劳动者已经在同一用人单位连续工作不间断达到 10 年或 10 年以上，只要劳动者提出订立无固定期限的劳动合同或者用人单位提出续订劳动合同且劳动者同意时，就应当订立无固定期限劳动合同。需要注意的是，劳动者如果不是在同一单位，而是在两个或者多个用人单位工作满 10 年以上，则不符合这一条件，劳动者也无权要求订立无固定期限的劳动合同。劳动者患病或非因工负伤，依法享有医疗期，在计算连续工作时间时，应把劳动者在同一用人单位依法享有的医疗期计算在内。

（2）用人单位初次实行劳动合同制度或者国有企业改制重新订立劳动合同时，劳动者在该用人单位连续工作满 10 年且距法定退休年龄不足 10 年的。这一条件是专门针对国有企业改制和初次实行劳动合同制度的单位所作的规定。在计算连续工作满 10 年时，如果劳动者享有法定的医疗期，同样应当把医疗期计算在内。

（3）连续订立两次固定期限劳动合同，且劳动者没有《劳动合同法》第 39 条和第 40 条第 1 项、第 2 项规定的情形续订劳动合同的。即用人单位和劳动者已经连续订立了两次劳动合同，即使是连续订立两个一年期的短期劳动合同，如果没有《劳动合同法》第 39 条和第 40 条第 1 项、第 2 项规定的情形，用人单位与劳动者续订劳动合同时，就应当订立无固定期限的劳动合同。

25. 符合订立无固定期限劳动合同的条件时，用人单位是否必须与劳动者订立无固定期限劳动合同？

情景再现

某甲已经在 A 公司连续工作了 10 年时间，续签劳动合同时，A 公司在提供的劳动合同中再次约定了劳动合同期限为 5 年，某甲对此也没有拒绝并在劳动合同上签了字。在后续工作中，某甲出现严重失职行为，给公司造成了巨大损失，A 公司以此为由向某甲提出解除劳动合同。某甲认为自己在公司已经连续工作了 10 年时间，A 公司应当与他续签无固定期限劳动合同，而不是固定期限劳动合同，A公司的行为违法，不仅不能解除劳动合同，还应当和他改签无固定期限劳动合同，否则将承担经济赔偿责任。

法律分析

根据《劳动合同法》第14条规定，无固定期限劳动合同的订立可分为3类：协商订立、应当订立和视为订立。根据《劳动合同法》第14条第2款的规定，在符合3种应当订立无固定期限劳动合同的情况下，如果劳动者提出订立无固定期限劳动合同，则用人单位应当订立无固定期限劳动合同；如果劳动者提出订立固定期限劳动合同，则用人单位应当订立固定期限劳动合同。显然，究竟是订立固定期限劳动合同还是无固定期限劳动合同，选择权在劳动者一方。用人单位则根据劳动者的选择，负有强制缔约的义务。

如果劳动者符合订立无固定期限劳动合同的条件，但与用人单位订立了固定期限劳动合同，该合同是否有效应作进一步分析。由于劳动合同不存在效力待定或可撤销情形，不同于普通民事合同，故对劳动合同效力的判断主要应当依据《劳动合同法》的规定。但《劳动合同法》第14条对于无固定期限劳动合同的订立过程并未作出具体限定，劳动者如何行使其选择权，既可以采取明示的方式，也可以采取默示的方式。劳动合同经双方签字盖章生效，劳动者在固定期限劳动合同上签字的行为应视为其对订立何种劳动合同作出了选择，应认为其选择了订立固定期限劳动合同。只要签名是其真实意思的表示，那么该选择也是其真实意思的表示，从而劳动合同依法生效。

26. 用人单位能否和劳动者仅签订试用期合同？

情景再现

某甲通过招聘进入A公司工作，但公司并未和某甲直接签订劳动合同，而是以考察某甲的业务能力为由，与他签订了为期3个月的试用期合同，约定如果某甲的业务能力经考察合格，公司将和他签订正式劳动合同；如果某甲的业务能力经考察不合格，试用期满后双方劳动关系解除。某甲对自己的工作能力十分自信，认为自己一定能通过考核，便和该公司签订了试用期合同。待3个月试用期满后，虽然某甲业绩优异，排名前列，但公司仍以他业务能力不合格为由拒绝和他签订正式劳动合同，将其辞退。

法律分析

用人单位不能与劳动者仅订立试用期合同。根据《劳动合同法》第19条第4款规定，试用期包含在劳动合同期限内，劳动合同仅约定试用期的，试用期不成立，该期限为劳动合同期限。也就是说，如果用人单位先和劳动者签订了一份试用期合同，期满后再决定是否签订正式劳动合同，那么该试用期合同实际上可视为第一份正式劳动合同，该份合同的订立、履行、变更、解除和终止等均须按照《劳动合同法》及相关法律规范对正式劳动合同的规定，用人单位不得随意变更、解除和终止。在上述的案例中，A公司与某甲签订的试用期合同实际上就是正式的劳动合同，A公司要单方解除与某甲的试用期合同，应受《劳动合同法》第39条、第40条关于用人单位单方解除劳动合同的规定的约束，仅以某甲业务能力不合格为由不足以解除劳动合同。根据《劳动合同法》第39条规定，只有在劳动者严重违反用人单位的规章制度、严重失职、营私舞弊，给用人单位造成重大损害等情况下，用人单位才可以随时解除劳动合同。根据《劳动合同法》第40条第2项规定，只有当劳动者不能胜任工作，且经过培训或者调整工作岗位后仍不能胜任工作时，用人单位才能提前30日以书面形式通知劳动者本人或者在额外支付劳动者一个月工资的前提下解除劳动合同。

若用人单位在试用期合同期满后才与劳动者订立正式劳动合同，则该劳动合同应当视为第二个固定期限劳动合同。当这个劳动合同期满后，用人单位与劳动者续签的劳动合同将是无固定期限劳动合同。

27. 劳动合同中的试用期有无长短限制？

情景再现

某甲在校园招聘中通过重重竞争，成功获得了某银行的录用通知，等到他毕业与该银行签订劳动合同时，发现该银行要求的试用期为1年，但某甲不愿放弃自己千辛万苦获得的机会，于是和该银行签订了劳动合同。在工作过程中，他逐渐了解到在其他单位工作的同学的试用期大多是3个月至6个月，除了他以外没有超过6个月的，他开始对此产生疑惑，用人单位能否随意约定试用期？

法律分析

根据我国《劳动法》等相关法律规定，用人单位不能随意约定劳动者的试用期。试用期的期限在法律上有严格限制。我国《劳动法》对试用期的最长期限作了规定，根据我国《劳动法》第21条规定，试用期最长不得超过6个月。对于试用期的具体约定方式，《劳动法》未明确规定，《劳动合同法》作出了相应的规定，根据该法第19条第1款规定，劳动合同期限3个月以上不满1年的，试用期不得超过1个月；劳动合同期限1年以上不满3年的，试用期不得超过2个月；3年以上固定期限和无固定期限的劳动合同，试用期不得超过6个月。由此可知，本案中，某银行约定试用期为一年明显违反了法律规定。

因为法律允许试用期的工资适当低于正式员工的工资，很多用人单位为了压缩用人成本，想方设法将试用期约定得尽可能地长，但是法律对试用期的期限是有明确规定的，如果违反了法律规定，根据《劳动合同法》第83条的规定，用人单位违反《劳动合同法》规定与劳动者约定试用期的，应当改正；违法约定的试用期已经履行的，用人单位应当以劳动者试用期满月工资为标准，按已经履行的超过法定试用期的期间向劳动者支付赔偿金。

28. 试用期满后，用人单位能否延长试用期？

情景再现

某甲大学毕业后，被A公司录用。在劳动合同中，A公司与某甲约定劳动合同期限为3年，但包含6个月的试用期。某甲对此予以认可，并和A公司签订了劳动合同。等6个月的试用期满后，某甲向公司提出转正申请，A公司以某甲的工作能力尚未达到公司正式员工的要求为由，将某甲的试用期延长了3

个月。某甲认为公司延长其试用期的行为违法，向劳动争议仲裁委员会申请了仲裁。

法律分析

我国《劳动法》对试用期的最长期限作了规定，劳动合同中约定的试用期最长不得超过 6 个月。同时，《劳动合同法》第 19 条进一步规定，同一用人单位与同一劳动者只能约定一次试用期。上述案例中，A 公司在原有 6 个月试用期已满的情况下要求延长试用期，既超过了法律对于试用期最长期限的限制，它本质上又是约定第二次试用期，违反了《劳动合同法》对于只能约定一次试用期的规定。如果用人单位在试用期认为劳动者不符合录用条件且有证据证明的，可以依据《劳动法》《劳动合同法》的相关规定，依法与劳动者解除劳动合同。

29. 用人单位在试用期内能否解除劳动合同?

情景再现

某甲在大学毕业后入职一家外资企业。用人单位与她签订劳动合同，约定合同期限为 5 年，试用期为 6 个月，但是试用期未满，用人单位便提出某甲不符合公司的录用条件，通知某甲解除劳动合同。某甲认为公司不能在试用期内开除自己，向劳动争议仲裁委员会提起仲裁。

法律分析

我国法律并不禁止用人单位在试用期内与劳动者解除劳动合同。但是，出于保护劳动者的目的，法律对用人单位在试用期内解除劳动合同比在非试用期内解除劳动合同给予了更多的限制。根据《劳动合同法》第21条的规定，在试用期中，劳动者如果有《劳动合同法》第39条和第40条第1项、第2项规定的情形时，用人单位可以解除劳动合同。上述条款包括的情况如下：（1）在试用期间被证明不符合录用条件的；（2）严重违反用人单位的规章制度的；（3）严重失职，营私舞弊，给用人单位造成重大损害的；（4）劳动者同时与其他用人单位建立劳动关系，对完成本单位的工作任务造成严重影响，或者经用人单位提出，拒不改正的；（5）以欺诈、胁迫的手段或者乘人之危，使对方在违背真实意思的情况下订立或者变更劳动合同，导致劳动合同无效的；（6）被依法追究刑事责任的。这6种情况下用人单位可以直接解除劳动合同。

另外，试用期内还有2种情况用人单位可以解除劳动合同，但是用人单位需要提前30日以书面形式通知劳动者本人或者额外支付劳动者一个月工资后，可以解除劳动合同：（1）劳动者患病或者非因工负伤，在规定的医疗期满后不能从事原工作，也不能从事由用人单位另行安排的工作的；（2）劳动者不能胜任工作，经过培训或者调整工作岗位，仍不能胜任工作的。在上述情况下，用人单位虽然可以解除劳动合同，但按法律规定应当向劳动者说明理由。

30. 竞业限制期限最长可以约定多久？

情景再现

某甲大学毕业后进入A科技公司从事产品研发工作，他工作的内容涉及A科技公司的核心竞争力。为此，A科技公司在与某甲签订的劳动合同中设置了竞业禁止条款，约定某甲若从A科技公司离职，在3年内不得到和A科技公司生产的产品有竞争关系的其他企业工作，不得利用在本公司获得的产品研发经验和技术帮助其他公司生产同类的产品。在此期间，A科技公司会每月给予某甲5000元人民币的经济补偿。

某甲在A科技公司工作3年后离职，在离职后的前2年开了家电子产品零售店，但生意惨淡，在第3年通过招聘会进入B科技公司工作，任职产品研发岗，研发的产品与原来在A科技公司的有类似性。A科技公司在某次行业交流会上得知某甲任职B科技公司，认为他违反了竞业禁止条款，要求某甲依约赔偿。某甲认为当初约定的竞业禁止期限超出了国家强制规定，自己第3年到同类公司工作，不违反法律规定，无须赔偿。

法律分析

《劳动合同法》第23条规定，用人单位与劳动者可以在劳动合同中约定保守用人单位的商业秘密和与知识产权相关的保密事项。对负有保密义务的劳动者，用人单位可以在劳动合同或者保密协议中与劳动者约定竞业限制条款，并约定在解除或者终止劳动合同后，在竞业限制期限内按月给予劳动者经济补偿。劳动者违反竞业限制约定的，应当按照约定向用人单位支付违约金。第24条规定，竞业限制的人员限于用人单位的高级管理人员、高级技术人员和其他负有保密义务的人员。竞业限制的范围、地域、期限由用人单位与劳动者约定，竞业限制的约定不得违反法律、法规的规定。在解除或者终止劳动合同后，前款规定的人员到与本单位生产或者经营同类产品、从事同类业务的有竞争关系的其他用人单位，或者自己开业生产或者经营同类产品、从事同类业务的竞业限制期限，不得超过2年。

由此可知，竞业限制的期限最长不得超过2年，超过的部分则无效，竞业限制期内的经济补偿金标准可以在协议中约定。用人单位与劳动者在订立竞业限制协议时，应当将竞业限制的期限限定在劳动者与用人单位解除或者终止劳动合同后2年以内，否则，超出法定期限的限制期限对劳动者没有拘束力。

31. 用人单位未与劳动者明确约定竞业限制补偿金就无须支付补偿金吗？

情景再现

某甲于2013年7月15日入职某网络公司，从事软件工程师工作，双方订立了3年期限的劳动合同，约定某甲的月工资为3万元。此外，双方订立了《保密及竞业限制协议》。在该协议中，双方约定，某甲在工作期间及离职后，应当保守其所知悉的网络公司的商业秘密，且在离职后2年内，某甲不得到生产或者经营同类产品、从事同类业务的有竞争关系的其他用人单位工作或提供劳务等。2016年7月14日劳动合同到期后，网络公司在支付给某甲终止劳动合同经济补偿金后，与其终止了劳动关系。2017年3月，某甲向劳动争议仲裁委员会提出仲裁申请，要求网络公司支付2016年7月15日至申请当日的竞业限制经济补偿。

法律分析

用人单位与劳动者在竞业限制协议中只约定劳动者履行

竞业限制义务而未约定支付竞业限制经济补偿金，并不意味着该竞业限制协议当然无效。根据《最高人民法院关于审理劳动争议案件适用法律若干问题的解释（四）》第6条第1款的规定，如果履行了竞业限制义务，劳动者可要求用人单位按照劳动者在劳动合同解除或者终止前12个月平均工资的30%按月支付经济补偿。劳动者在履行竞业限制义务后，可催告用人单位依法及时支付经济补偿，如果用人单位明确表示或以实际行为表示不支付经济补偿，则劳动者可不再履行该竞业限制义务。因此，网络公司与某甲订立的《保密及竞业限制协议》虽未约定支付竞业限制的经济补偿金，但某甲确实履行了竞业限制义务，网络公司仍须依照相关规定向某甲支付相应的经济补偿金。

32. 劳动者提前解除劳动合同，用人单位能否要求返还培训费用和赔偿违约金？

情景再现

2012年3月，某甲到某医院从事麻醉师工作并签订了5年的《聘用合同》。3月30日，双方签订了《医院员工培训协议书》，协议中约定：培训学习结束后，某甲需要继续服务10年，视作劳动合同期限。若某甲在服务期内违反约定解除劳动合同，应支付全部培训费用和当年基本工资的双倍作为违约金。4月，医院安排某甲到重庆某医院进行为期半年的麻醉专业培训。2013年1月，某甲在电话中无故提出解除劳动合同，并对医院要求按规定解除劳动合同的通知置之不理。医院提起仲裁，要求某甲支付违约金并返还培训费用。

法律分析

服务期是指用人单位与劳动者约定的，对劳动者有特殊约束力的，劳动者因获得特殊的劳动条件而应当与用人单位维持劳动关系的期限。当用人单位专门出资为劳动者提供专业培训时，往往会约定服务期。在服务期内，劳动者无正当理由是不能辞职的。如果劳动者在服务期内离职，根据《劳动合同法》第22条第2款的规定，应当按照约定向用人单位支付违约金。但同时，违约金的数额不得超过用人单位提供的培训费用。用人单位要求劳动者支付的违约金也不得超过服务期尚未履行部分所应分摊的培训费用。因此，劳动者在服务期内提前离职的，需要按照法律规定赔偿违约金，而违约金实质上是对用人单位付出的培训费用的补偿，劳动者无须返还培训费用。

33. 用人单位能否以劳动者离职后违反保密义务为由要求赔偿?

情景再现

某甲于2014年3月入职A公司工作，2015年9月23日，某甲向A公司提出辞职，并与A公司签订《保密竞业补贴协议》，约定其在离职后2年内不得从事石墨相关行业工作，也不能将知悉的公司商业秘密泄露给任何第三方。2015年10月15日，某甲入职B公司，B公司的经营范围与A公司一致。A公司知悉后起诉请求某甲支付违约金10万元。某甲抗辩认为，其仅是生产一线的操作工，并不掌握公司的商业秘密。

法律分析

根据《劳动合同法》第24条的规定，竞业限制的人员仅限于用人单位的高级管理人员、高级技术人员和其他负有保密义务的人员，而不能无原则地适用于每个劳动者。本案中，某甲仅仅是一名一线操作工，既不属于高级管理人员、高级技术人员，公司也未举证证明某甲为其他负有保密义务的人员，知悉、掌握公司的商业秘密，故某甲不属于法律规定的竞业限制义务的主体。因此，本案中，双方签订的竞业限制协议对某甲并无约束力，A 公司无权要求某甲支付违约金。

竞业限制制度的本意是保护公司的商业秘密或者技术，公司应在法律、法规规定的竞业限制主体、范围、地域、期限内，合法合理运用竞业限制条款，保护公司商业秘密或者技术，以求自身长远发展。如果滥用竞业限制条款，不仅损害员工的合法权益，亦有可能给单位自身带来负面影响。

34. 用人单位能否以劳动者违反忠诚义务给用人单位造成损失为由单方解除劳动合同?

情景再现

某甲于 2006 年 4 月起就职于某轨道系统公司，双方签订了无固定期劳动合同，2015 年 5 月至 6 月间，某甲应直属领导某乙的要求，在公司未安排加班、本人也未填写加班申请单，且未进行打卡考勤的情况下，多次使用公司的设备、原材料及水电等资源生产不属于公司的产品。后经公司发现，以某甲严重违规为由解除了与某甲之间的劳动合同。某甲认为自己是应直属领导某乙的要求加班，并不知道某乙是在干私活，公司系违法解除劳动合同，应当支付赔偿金。

法院经审理查明，该公司《员工手册》中明确规定："对有下列行为之一的职工，经查证属实，证据确凿的，解除劳动合同：……24. 未经许可，利用工作时间、工作场所或公物从事不法活动或为自己或他人图利行为者……"法院经审理后认为，某甲明知公司有一整套严格的加班审批流程，但其仍在既未填写加班申请单，也未进行打卡考勤的情况下，利用公司的厂房及设备从事加工生产，故其辩称并非干私活的主张不能成立。某甲的行为已违反了员工忠诚义务，并客观上使他人从中获利，故公司解除劳动合同无须支付经济赔偿金。

法律分析

劳动者虽然与用人单位签订了无固定期限的劳动合同，但如果劳动者存在严重违反用人单位规章制度的情形，用人单位仍可依照《劳动合同法》的相关规定解除劳动合同。根据《劳动法》《劳动合同法》的相关规定，劳动者与用人单位建立劳动关系，双方均应按照法律的规定或者合同的约定诚实守信地行使权利、履行义务，公司将忠诚义务写入《员工手册》，并不违反法律、行政法规等强制性规定。

本案中，某甲虽然主张其对某乙干私活一事并不知情，但其作为在公司工作多年的老员工，熟知公司的规章制度以及劳动纪律，面对直属领导某乙反常的加班安排，不仅没有提出质疑，及时向公司相关部门核实，反而多次予以配合，利用公司的厂房及设备加工生产不属于公司的产品，为他人谋取私利，严重违反了公司的规章制度，亦有违忠诚义务，其过错显而易见。在此情形下，虽然公司与某甲已经签订了无固定期限劳动合同，但因某甲存在严重违反公司规章制度的情形，公司可依法解除与某甲的劳动合同，某甲因而无法获得经济赔偿金。

35. 用人单位与劳动者约定的服务期超过劳动合同期限的，劳动合同期限是否应当延长？

情景再现

某甲于2012年6月1日入职某科技公司，从事研发工作，双方订立了3年期的劳动合同。2012年11月1日，某科技公司与某甲签订《培训协议》，约定将某甲送到国外进行专项技术培训2个月，并约定某甲培训结束后至少再为公司服务5年，如某甲违反服务期约定，须向公司支付违约金。2015年4月底，某科技公司告知某甲，因公司业务调整，其与某甲订立的劳动合同在2015年5月31日到期后不再延续，某甲无须继续履行《培训协议》中约定的服务期。某甲认为，其劳动合同期限应当延续至服务期届满，某科技公司终止劳动合同的行为属于违法终止，故提出仲裁申请，要求某科技公司支付赔偿金。

法律分析

服务期内劳动合同到期的，用人单位可以终止劳动合同。用人单位提供专项费用并对劳动者进行专业技术培训，使劳动者通过提升技能而获益，这一做法的目的在于确保劳动者经培训后能够在较长时间内为用人单位提供更有价值的劳动。故《劳动合同法》第22条第1款规定，用人单位为劳动者提供专项培训费用，对其进行专业技术培训的，可以与该劳动者订立协议，约定服务期。《劳动合同法实施条例》第17条规定，劳动合同期满，但是用人单位与劳动者依照《劳动合同法》第22条的规定约定的服务期尚未到期的，劳动合同应当续延至服务期满。该条规定是在劳动合同期满的情况下对劳动者离职的限制性规定，是对用人单位期待利益的保护，故是否续延劳动合同至服务期届满是用人单位的权利而非义务。所以，某甲要求认定公司系违法终止劳动合同，进而主张赔偿金，是没有法律依据的。

36. 用人单位不与劳动者续签劳动合同将承担什么责任？

情景再现

某甲是A公司的一名员工。2018年6月，某甲与公司的劳动合同到期，公司希望按照原劳动合同条件与某甲续签劳动合同，某甲对此表示同意。但是，2018 年 8 月，劳动合同已经超出期限 2 个月，某甲也仍然继续从事原岗位工作，但公司却一直没有和他正式续签合同。某甲想知道，公司这样做是否违法，应当承担怎样的责任？

法律分析

我国法律并未对劳动合同的续签问题作出规定。但根据《劳动合同法》第 44 条第 1 项的规定，劳动合同期满的劳动合同终止，那么，续签劳动合同实质上等于在原劳动合同终止后再次签署了一份新的劳动合同。因此，劳动合同的续签可以依照劳动合同订立的规定。根据《劳动合同法》第 10 条第 1 款、第 2 款的规定，建立劳动关系，应当订立书面劳动合同；已建立劳动关系，未同时订立书面劳动合同的，应当自用工之日起一个月内订立书面劳动合同。又根据《劳动合同法实施条例》第 6 条的规定，用人单位自用工之日起超过一个月不满一年未与劳动者订立书面劳动合同的，应当依照《劳动合同法》第 82 条的规定向劳动者每月支付两倍的工资，并与劳动者补订书面劳动合同。同时，用人单位向劳动者每月支付两倍工资的起算时间为用工之日起满一个月的次日，截止时间为补订书面劳动合同的前一日。

上述案例中，A 公司超过一个月不和某甲续订劳动合同，在超过一个月后应当向某甲支付双倍工资，并及时补签劳动合同。如果某甲一直在工作，而A公司超过一年不续签劳动合同，则根据《劳动合同法实施条例》第7条的规定，视为自满一年的当日起已经与某甲订立无固定期限劳动合同，并应当立即与劳动者补订书面劳动合同。

37. 劳动合同可以约定由劳动者承担违约金吗？

根据《劳动合同法》第25条的规定，只有在劳动者违反服务期约定、保密协议或竞业禁止约定时，才需要向用人单位承担违约金。而在其他情况下，用人单位不得与劳动者约定由劳动者承担违约金。这样规定的主要理由有4点：

（1）对违约金作出适当约定，应当以约定的当时对未来违约行为可能造成的损失能够估计为前提。而在实践中，除服务期条款、保密协议及竞业禁止条款外，用人单位在签订劳动合同的当时无法对劳动者未来违反劳动合同可能造成的损失作出合理预估。

（2）用人单位与劳动者在地位上不对等、信息不充分的情况下，如果允许用人单位与劳动者随意约定由劳动者承担违约金，会对劳动者非常不利。

（3）劳动者作为相对于用人单位的弱势一方，承担赔偿责任的能力极为有限，对其违约行为造成的损失只能适用合理的赔偿标准，应当严格遵照法定赔偿标准，而不能由用人单位与劳动者自主约定违约金。

（4）违约金具有一定的担保的性质，而担保只能适用于财产关系，不宜适用于劳动关系中的人身关系。

38. 哪些情况下用人单位可以解除劳动合同？

根据《劳动法》《劳动合同法》等规定，用人单位解除劳动合同主要有 3 种类型，包括用人单位与劳动者协商解除劳动合同、用人单位单方随时解除劳动合同、用人单位单方提前通知解除劳动合同。

（1）用人单位与劳动者协商解除劳动合同。顾名思义，在这种情况下，只要用人单位与劳动者协商一致，用人单位就可以解除劳动合同。

（2）用人单位单方随时解除劳动合同。根据《劳动合同法》第 39 条的规定，当劳动者有下列情形之一的，用人单位可以单方随时解除劳动合同：①在试用期间被证明不符合录用条件的；②严重违反用人单位的规章制度的；③严重失职，营私舞弊，给用人单位造成重大损害的；④劳动者同时与其他用人单位建立劳动关系，对完成本单位的工作任务造成严重影响，或者经用人单位提出，拒不改正的；⑤以欺诈、胁迫的手段或者乘人之危，使对方在违背真实意思的情况下订立或者变更劳动合同，导致劳动合同无效的；⑥被依法追究刑事责任的。

（3）用人单位单方提前通知解除劳动合同。根据《劳动合同法》第40条的规定，当劳动者存在下列情形时，用人单位可以提前30日以书面形式通知劳动者本人或者额外支付劳动者一个月工资后，可以解除劳动合同：①劳动者患病或者非因工负伤，在规定的医疗期满后不能从事原工作，也不能从事由用人单位另行安排的工作的；②劳动者不能胜任工作，经过培训或者调整工作岗位，仍不能胜任工作的；③劳动合同订立时所依据的客观情况发生重大变化，致使劳动合同无法履行，经用人单位与劳动者协商，未能就变更劳动合同内容达成协议的。

39. 用人单位合法合理调岗，劳动者是否有义务接受安排？

情景再现

罗某是某商业公司的员工，于2008年6月入职，双方于2015年订立了无固定期限劳动合同，约定罗某的岗位为“管理类”，并约定商业公司可根据生产经营状况、罗某的工作能力、工作表现及身体状况等对其调整工作岗位。入职后，罗某先后在百货主管、百货经理、杂货经理、资深经理等岗位工作。2013年9月，罗某担任总务部部长。2016年9月，因生产经营需要，商业公司将设施部与总务部合并为总务设施部，并将罗某的岗位调整为服装部部长，调整前后的岗位级别、薪资待遇、工作地点等均未发生变化。罗某以调整前后的岗位分属后勤类及运营类为由拒绝到岗。一周后，罗某以商业公司未提供劳动条件为由提出解除劳动合同，并要求支付经济补偿。

法律分析

实践中，不少劳动者存在理解误区，认为其工作岗位一概不能调整。事实上，如果用人单位与劳动者在劳动合同中对调岗进行了相应的约定，或是在劳动合同中未约定工作岗位或约定不明的情况下，用人单位确因生产经营需要可对劳动者进行岗位调整，但调岗行为本身须具有合理性，且不得随意降低劳动者的工资标准。在劳动合同中只约定岗位而未约定如何调岗的情形下，用人单位亦可在《劳动合同法》第40条所列情形下对劳动者进行岗位调整。

（1）如果用人单位与劳动者约定可根据生产经营情况调整劳动者工作岗位，经审查，用人单位生产经营情况已经发生变化，调岗属于合理范畴，应支持用人单位调整劳动者工作岗位。

（2）如果用人单位与劳动者在劳动合同中未约定工作岗位或约定不明，用人单位有正当理由，根据生产经营需要，合理地调整劳动者工作岗位属于用人单位自主用工行为。判断合理性应参考以下因素：用人单位经营必要性、目的正当性，调整后的岗位能为劳动者胜任，工资待遇等劳动条件无不利变更。

（3）如果用人单位与劳动者签订的劳动合同中明确约定工作岗位但未约定如何调岗，在不符合《劳动合同法》第40条所列情形时，用人单位自行调整劳动者工作岗位的属于违约行为，给劳动者造成损失的，用人单位应予以赔偿，参照原岗位工资标准补发差额。对于劳动者主张恢复原工作岗位的，根据实际情况进行处理。经审查，难以恢复原工作岗位的，可释明劳动者另行主张权利，释明后劳动者仍坚持要求恢复原工作岗位的，可驳回请求。

（4）如果用人单位在调整岗位的同时调整工资，劳动者接受调整岗位但不接受同时调整工资的，由用人单位说明调整理由。应根据用人单位的实际情况、劳动者调整后的工作岗位性质、双方合同约定等内容综合判断是否侵犯劳动者合法权益。

40. 用人单位安排劳动者进行违法活动被拒绝，能否以此为由解除劳动合同?

情景再现

某甲于2006年4月进入吴中区一家电子公司从事驾驶员工作。2015年9月7日，该公司以某甲2015年9月1日、9月6日、9月7日3次拒绝服从公司安排的出车任务为由，将某甲开除。某甲不服公司的开除决定，认为公司违法解除劳动合同，遂向法院起诉要求公司支付赔偿金。

法院经审理查明，该电子公司3次出车任务的内容是要求某甲以小型普通客车运输大批量五金配件，该任务违反了《道路交通安全法》有关客车机动车不得违规载货的规定，故某甲拒绝出车具有正当理由，电子公司以其不服从管理为由解除劳动合同依据不足，故最终判决支持了某甲的全部诉讼请求。

法律分析

根据《劳动法》《劳动合同法》的规定，用人单位单方解除劳动合同必须具有符合法律规定的事实，具体指符合《劳动合同法》第39条、第40条的规定。因此，用人单位单方解除劳动合同，应当举证证明其解除行为具有事实及法律依据，否则应依法支付赔偿金。本案中，电子公司安排某甲从事的工作本身不具有合法性和合理性，因此某甲拒绝出车有正当理由。公司以某甲不服从管理为由解除劳动关系系违法解除，理应支付某甲赔偿金。因此，用人单位须遵纪守法，在法律允许的范围内进行生产经营活动，诚信合理地安排员工工作；同时劳动者对用人单位不合理、不合法的工作安排应合理表达，维护自身合法权益，以构建和谐的劳资关系。

41. 用人单位默认双重劳动关系是否应当承担相关责任？

情景再现

某甲于2009年7月5日起在某超市从事理货员工作，双方签订了自2009年7月5日至2014年5月31日的劳动合同，双方约定每月工资为1600元。在某超市工作的同时，某甲又自2011年12月1日起在某市环卫所从事环卫工作。与某超市的劳动合同到期后，某甲告知某超市，其将到某市环卫所工作，在超市的工作只是兼职。某超市遂与某甲签订了内容与原劳动合同一致，时间从2014年6月1日至2016年5月31日的劳务协议，每月工资仍为1600元。2016年4月13日，某超市以某甲不胜任工作为由，解除与某甲的劳务协议，且认为双方不是劳动关系，不予支付经济补偿。

法律分析

《劳动合同法》第 39 条第 4 项规定，劳动者同时与其他用人单位建立劳动关系，对完成本单位的工作任务造成严重影响，或者经用人单位提出，拒不改正的，用人单位可以解除劳动合同。据此规定，劳动者无论与先签订劳动合同的用人单位之间，还是与后签订劳动合同的用人单位之间，建立的均是劳动关系。2014 年 6 月 1 日，某超市明知某甲已在某市环卫所从事环卫工作，但并未提出异议，与其签订了劳务协议，此劳务协议在形式和内容上均延续了原劳动合同的条款，且某超市的各项规章制度仍然适用于某甲，某甲继续接受该超市的劳动管理，从事超市安排的有报酬的劳动。因此，双方实质上建立的是劳动关系。某超市也不能因此以某甲不胜任工作为由解除劳务协议。根据《劳动合同法》第 87 条的规定，用人单位违反《劳动合同法》规定解除或者终止劳动合同的，应当依照《劳动合同法》第 47 条规定的经济补偿标准的二倍向劳动者支付赔偿金。因此，某超市应当向某甲支付相应的赔偿金。

42. 哪些情况下劳动者可以解除劳动合同？

根据《劳动法》《劳动合同法》的规定，劳动者解除劳动合同主要有 3 种类型，包括劳动者与用人单位协商解除劳动合同、劳动者单方提前通知解除劳动合同、劳动者单方随时解除劳动合同。

（1）劳动者与用人单位协商解除劳动合同。顾名思义，在这种情况下，只要劳动者与用人单位协商一致，用人单位就可以解除劳动合同。

（2）劳动者单方提前通知解除劳动合同。根据《劳动合同法》第 37 条的规定，劳动者提前 30 天以书面形式通知用人单位，可以解除劳动合同。若劳动者仍在试用期内的，劳动者提前 3 天通知用人单位，可以解除劳动合同。

（3）劳动者单方随时解除劳动合同。根据《劳动合同法》第 38 条的规定，若用人单位有下列违法违规行为的，劳动者可以随时解除劳动合同：①未按照劳动合同约定提供劳动保护或者劳动条件的；②未及时足额支付劳动报酬的；③未依法为劳动者缴纳社会保险费的；④用人单位的规章制度违反法律、法规的规定，损害劳动者权益的；⑤用人单位以欺诈、胁迫的手段或者乘人之危，使劳动者在违背真实意思的情况下订立劳动，致使劳动合同无效的；⑥法律、行政法规规定劳动者可以解除劳动合同的其他情形。在上述情形下，劳动者虽然可以单方随时解除劳动合同，但是需要事先告知用人单位。然而，若用人单位以暴力、威胁或者非法限制人身自由的手段强迫劳动者劳动的，或者用人单位违章指挥、强令冒险作业危及劳动者人身安全的，劳动者可以立即解除劳动合同，无须事先告知用人单位。

43. 劳动者单方请求解除劳动合同，需要履行哪些程序？

劳动者享有选择职业的权利与自由。当劳动者不愿再在现有的用人单位工作时，即便劳动者与用人单位之间的劳动合同期限尚未届满，劳动者仍然可以请求解除劳动合同。但是，劳动者的整体劳动构成了用人单位的生产经营活动，劳动者的离职势必对用人单位的生产经营活动产生不利影响。因此，基于维护用人单位生产经营活动正常有效开展的目的，《劳动法》《劳动合同法》等法律规定了劳动者单方请求解除劳动合同，必须履行相应的程序。

在劳动者转正前，即试用期内，劳动者对用人单位的生产经营活动介入不深，其离职对用人单位的不利影响较小。根据《劳动合同法》第 37 条的规定，劳动者应当提前 3 天以书面形式通知用人单位。《劳动法》第 32 条虽然规定了在试用期内劳动者可以随时通知用人单位解除劳动合同，但根据新法优于旧法的原则，《劳动合同法》的相关规定已经取代了《劳动法》的相应规定，即劳动者应当提前 3 天告知用人单位。

在劳动者转正后，即正式用工期内，劳动者的工作得到了用人单位的认可，劳动者对用人单位的生产经营活动的介入随着工作时间的增长不断加深，他的离职对用人单位的不利影响也越来越大。为了给用人单位在劳动者离职后能够找到合适的替代人员，实现相关工作的有序移交，《劳动合同法》第37条规定了劳动者应当提前30天以书面形式通知用人单位。

用人单位须注意的是，劳动者选择职业的权利是他们的法定权利，任何单位或者个人不能加以限制甚至予以剥夺。除因专业技能培训而设置服务期、竞业禁止条款限制等外，用人单位不能肆意限制劳动者的“跳槽”行为。用人单位通过在劳动合同中规定劳动者应当向用人单位缴纳押金或者在一定年限内离职需要支付巨额的赔偿金，来限制劳动者的离职，这样的行为都是违法的。只有当劳动者解除劳动合同的行为违反了《劳动合同法》及其他相关法律法规的规定，给用人单位造成了经济损失时，用人单位才能向劳动者主张赔偿。

44. 劳动合同的解除与终止有什么区别?

劳动合同的解除，是指劳动合同在订立以后，尚未履行完毕或者未完全履行以前，由于合同双方或者单方的法律行为导致双方当事人的劳动关系提前消灭的法律行为。劳动合同的终止，是指劳动合同所确立的劳动关系因合同解除以外的法律实施而消灭。根据《劳动法》与《劳动合同法》的相关规定，劳动合同的解除和终止主要有以下几个方面的区别：（1）阶段不同。劳动合同解除是劳动合同关系的提前结束；劳动合同终止是劳动合同关系的自然结束。（2）结束劳动合同关系的条件不同。《劳动合同法》第44条规定了法定终止条件：①劳动合同期满的；②劳动者开始依法享受基本养老保险待遇的；③劳动者死亡，或者被人民法院宣告死亡或者宣告失踪的；④用人单位被依法宣告破产的；⑤用人单位被吊销营业执照、责令关闭、撤销或者用人单位决定提前解散的；⑥法律、行政法规规定的其他情形。双方也可以在上述法定终止条件之内，协商一致约定合同解除的条件。（3）预见性不同。劳动合同终止一般是可以预见的，但劳动合同解除一般不可预见。（4）适用原则不同。劳动合同解除受当事人意思自治的程度多一点，一般遵循民法的原则和精神；劳动合同终止受法律约束的程度较高，更多地体现社会法的性质和国家公权力的介入，国家体现对劳动者的倾斜保护。

45. 用人单位能否与劳动者约定劳动合同解除的条件？

情景再现

某甲于2015年2月1日进入某科技公司担任销售部高级客

户经理，劳动合同期限至2018年1月31日，约定试用期为3个月。试用期满后，某甲的销售业绩一直未能达标。2015年7月1日，应公司要求，某甲与单位签署了《个人业绩改进计划》，该计划中公司给予某甲3个月的观察期，某甲承诺2015年7月至9月其本人每月的销售业绩不低于5万元，如未能完成该销售业绩，某甲自行提出辞职。后某甲未能完成该销售业绩。2015年9月30日，某科技公司以某甲履行其自行离职的约定为由，要求某甲离职并收回了办公电脑、考勤卡等。某甲依照公司要求办理了离职手续，但不认为是自行离职。后某甲提出仲裁申请，要求公司支付赔偿金。

法律分析

根据《劳动法》第23条规定，劳动合同期满或者当事人约定的劳动合同终止条件出现，劳动合同即行终止。由此，用人单位可以和劳动者约定劳动合同终止的条件。但是用人单位与劳动者约定的劳动合同解除事由必须符合法律、法规的规定。即便双方对终止条件的约定系各自真实的意思表示，但如果违反了《劳动合同法》等对于劳动合同终止条件的规定，也会被认定无效。

根据《劳动合同法》第44条的规定，有下列情形之一的，劳动合同终止：（1）劳动合同期满的；（2）劳动者开始依法享受基本养老保险待遇的；（3）劳动者死亡，或者被人民法院宣告死亡或者宣告失踪的；（4）用人单位被依法宣告破产的；（5）用人单位被吊销营业执照、责令关闭、撤销或者用人单位决定提前解散的；（6）法律、行政法规规定的其他情形。根据法律规定，劳动合同的终止情况在法律上有列举性的规定，法律赋予了用人单位和劳动者在一定情形下可以解除合同，具体规定在《劳动合同法》第36条至第42条中。

在上述案例中，某甲未能完成销售业绩，属于不能胜任工作，按照《劳动合同法》第40条第2项的规定，劳动者不能胜任工作，经过培训或者调整工作岗位，仍不能胜任工作的，用人单位提前30日以书面形式通知劳动者本人或者额外支付劳动者一个月工资后，才可以解除劳动合同。某科技公司与某甲实际上是约定在某甲不胜任时单位可以立即解除劳动合同，且可以不支付解除劳动合同经济补偿金。该约定不符合《劳动合同法》的相关规定，以这种方式解除劳动合同构成违法解除劳动合同。

46. 用人单位因劳动者违纪而解约，需要事先征求工会意见吗？

情景再现

冯某于2008年1月12日进入A公司工作，担任后勤维修人员，双方签订无固定期限劳动合同。2013年1月14日，A公司以冯某违反《设备定期检修巡查制度》为由，依据其奖惩制度作出《关于对冯某违纪问题的处分决定》。同年5月30日，A公司向冯某送达《关于对冯某违纪事件的处理决定》《解除劳动合同通知书》，决定与冯某解除劳动合同。冯某认为A公司系违法解除劳动合同，遂提出仲裁请求，要求继续履行劳动合同。

法律分析

因劳动者违纪而解除劳动合同是用人单位对劳动者最为严厉的处罚，解除劳动合同后用人单位无须支付劳动者经济补偿。根据法律规定，涉及解除劳动合同的争议，由用人单位负举证责任，也就是所谓的举证责任倒置，用人单位需要提供的证据如下：（1）劳动者存在违纪的事实；（2）用人单位据以解除劳动合同的规章制度；（3）规章制度的产生系依据法律规定且经过了民主程序；（4）规章制度产生后依法向劳动者明示；（5）在解除劳动合同前征求了工会的意见。用人单位在仲裁时如果不能提供上述证据，就应被仲裁委确定为违法解除劳动合同，按照《劳动合同法》的规定，在这种情况下，劳动者有权选择是继续履行劳动合同还是向用人单位主张违法解除劳动合同赔偿金。如果继续履行劳动合同的条件存在且劳动者有此要求，则双方继续履行原劳动合同；如果劳动者不要求继续履行劳动合同或者继续履行劳动合同的条件不存在了，则用人单位需要向劳动者支付赔偿金。

47. 用人单位能以内部调整为由与劳动者解除劳动合同吗？

情景再现

某甲于2011年4月入职某外资公司，双方订立无固定期限劳动合同，约定某甲的岗位为媒体公关总监，月薪3万元。2015年6月，公司告知某甲，为精简组织架构，决定撤销某甲所在的媒体公关总监岗位，另设媒体沟通总监及媒体关系拓展总监，但上述两个岗位均已有合适人选，现特别为某甲设立公司高级顾问岗位，月薪降为2万元，希望能与其签署变更劳动合同协议书。某甲不同意公司的要求，该公司即以“订立劳动合同时的客观情况发生重大变化，双方未能就变更劳动合同内容达成一致”为由，向某甲发出《解除劳动合同通知书》，并向某甲支付了经济补偿。某甲认为公司的解除行为违法，故提出仲裁，要求撤销《解除劳动合同通知书》并继续履行劳动合同。

法律分析

原劳动部《关于〈中华人民共和国劳动法〉若干条文的说明》第26条第1款第3项规定，用人单位在“劳动合同订立时所依据的客观情况发生重大变化，致使原劳动合同无法履行，经当事人协商不能就变更劳动合同达成协议”时可以提前30日通知劳动者解除劳动合同。这里的“客观情况”是指：发生不可抗力或出现致使劳动合同全部或部分条款无法履行的其他情况，如企业迁移、被兼并、企业资产转移等，并且排除《劳动法》第27条（经济性裁员）所列的客观情况。用人单位作为经营者，在与劳动者订立劳动合同时，其对市场可能产生的波动及生产经营策略可能产生的变化应当有所预见。确因生产经营需要调整劳动者工作岗位的，应与劳动者协商一致书面变更或解除劳动合同。在无法达成一致的情形下，用人单位可在相近或类似岗位上安排劳动者工作，并不得随意降低劳动者的工资标准，更不能简单地解除劳动合同。公司根据生产经营需要，调整某甲的工作岗位，系为应对市场变化主动采取的经营策略调整，不属于“订立劳动合同时的客观情况发生重大变化”的情形，公司虽然支付了某甲经济补偿，但其解除劳动合同的行为并不合法。

48. 用人单位能否规定“末位淘汰制”？

情景再现

胡某是某公司销售部的业务员，入职一年多来，胡某的销售业绩一直没有太大起色。最近，公司为了提升销售业绩，重新修改了规章制度，规定销售部实行“末位淘汰制”，公司每月对全体业务人员的销售额进行统计，排最后一名者，以双方“协商一致”的形式解除劳动合同，并按其实际工作年限支付经济补偿。规章制度修改后，公司向全体员工进行了公示。2018年2月初，公司公布了1月份的业绩排名，胡某排行末位。2月5日，公司与胡某解除劳动合同。胡某认为公司是违法解雇，要求继续履行劳动合同，与公司沟通未果，遂申请仲裁。

法律分析

公司实行“末位淘汰”没有法律依据。《劳动法》《劳动合同法》等有关解除劳动合同的条款中并没有涉及“末位淘汰”，与之最接近的表述是“不符合录用条件”和“不能胜任工作”，前者是相对试用期员工而言的，后者是相对非试用期员工而言的，然而，“末位淘汰”不等同于这两种情形。与此同时，最高人民法院也已明确“末位淘汰”为违法解雇。最高人民法院在2016年11月21日发布的《第八次全国法院民事商事审判工作会议（民事部分）纪要》第29条中规定，用人单位在劳动合同期限内通过“末位淘汰”或“竞争上岗”等形式单方解除劳动合同，劳动者可以用人单位违法解除劳动合同为由，要求用人单位继续履行劳动合同或者支付赔偿金。上述案例中，虽然A公司就“末位淘汰”制定了相关的规章制度，但是用人单位制定或修改规章制度，应当经过民主程序，并不得与法律、法规相违背。因此，“末位淘汰”是违法的，该公司规章制度中的相关条款无效。

49. 在经济性裁员中，用人单位裁员有无限制？

情景再现

某甲已在A公司工作满10年，并与公司签订了无固定期限劳动合同。2018年年初，因经营效益不佳，A公司决定裁员30人，在未向员工说明原因的情况下便发出了公告，而某甲就在裁员名单中。某甲对此不服，认为公司还有许多签订固定期限劳动合同的员工，且工龄和工作业绩都不如他，他不应该被裁员。为此，某甲提出了仲裁申请。

法律分析

根据法律规定，用人单位作出经济性裁员决定，必须有符合法律规定的原因且须依照法定程序，同时，在确定裁员人员名单时，也必须考虑优先留用部分特定人员。

首先，在裁员原因方面，根据《劳动合同法》第41条规定，用人单位只有在出现下列4种情况时，才能进行经济性裁员：

（1）依照企业破产法规定进行重整的；（2）生产经营发生严重困难的；（3）企业转产、重大技术革新或者经营方式调整，经变更劳动合同后，仍需裁减人员的；（4）其他因劳动合同订立时所依据的客观经济情况发生重大变化，致使劳动合同无法履行的。

其次，在裁员的程序上，基于保护劳动者合法权益的考虑，《劳动合同法》等法律引入了工会及劳动行政部门对用人单位加以监督。用人单位经济性裁员的，应当履行下列程序：（1）提前30天向工会或者全体职工说明情况，并提供有关生产经营状况的资料，说明裁员的原因；（2）提出裁减人员方案，内容包括被裁减人员名单，裁减时间及实施步骤，符合法律、法规规定和劳动合同约定的被裁减人员经济补偿办法；（3）将裁减人员方案征求工会或者全体职工的意见，并对方案进行修改和完善；（4）向当地劳动行政部门报告裁减人员方案以及工会或者全体职工的意见，并听取劳动行政部门的意见；（5）由用人单位正式公布裁减人员方案，与被裁减人员办理解除劳动合同手续，按照有关规定向被裁减人员本人支付经济补偿金，出具裁减人员证明书。

最后，在裁减人员的安排上，用人单位在裁员时应当优先留用下列人员：（1）与本单位订立较长期限的固定期限劳动合同的；（2）与本单位订立无固定期限劳动合同的；（3）家庭无其他就业人员，有需要扶养的老人或者未成年人的。除此之外，根据《劳动合同法》第42条第3项的规定，当劳动者有患病或者非因工负伤，在规定的医疗期内等情形时，用人单位也不得与他们解除劳动合同。而当用人单位裁员原因消失，如生产经营状况好转时，用人单位在6个月内重新招用人员的，应当通知被裁减的人员，并在同等条件下优先招用被裁减的人员；若超过6个月重新招用人员的，则不受此限制。

上述案例中，A公司如果仅仅是经营效益不佳，未达到生产经营发生严重困难的，并不符合大规模经济性裁员的条件，同时其裁员未经过法定程序，裁减某甲也不符合法律规定，属于违法裁员。

50. 哪些情况下，用人单位需要向劳动者支付经济补偿？

经济补偿是指在某些特定情形下，用人单位与劳动者解除或终止劳动合同时，用人单位以法定标准一次性支付给劳动者的经济补助。因此，并不是用人单位与劳动者解除或终止劳动合同的所有情形下，用人单位都需要向劳动者支付经济补偿。根据《劳动合同法》第46条的规定，用人单位需要向劳动者支付经济补偿的情形限于以下几种：（1）因用人单位未及时足额支付劳动报酬、未依法给劳动者缴纳社会保险费等原因，劳动者依照《劳动合同法》第38条规定解除劳动合同。（2）用人单位依照《劳动合同法》第36条的规定向劳动者提出解除劳动合同，随后与劳动者协商一致解除劳动合同。须注意的是，若由劳动者依照《劳动合同法》第 36 条的规定提出解除劳动合同，则用人单位无须支付经济补偿；（3）因劳动者不能胜任工作，经过培训或者调整工作岗位，仍不能胜任工作等原因，用人单位依据《劳动合同法》第 40 条提前 30 日以书面形式通知劳动者本人或者额外支付劳动者一个月工资后与其解除劳动合同；（4）用人单位依据《劳动合同法》第 41 条第 1 款规定作出经济性裁员，与劳动者解除劳动合同；（5）除用人单位维持或者提高劳动合同约定条件续订劳动合同，劳动者不同意续订的情形外，用人单位与劳动者因劳动合同期满终止劳动合同；（6）用人单位因被依法宣告破产，或者被吊销营业执照、责令关闭、撤销或者用人单位决定提前解散的，用人单位与劳动者终止劳动合同的；（7）法律、行政法规规定的其他情形。

而在下列情形下，用人单位解除劳动合同可以不向劳动者支付经济补偿：（1）劳动者主动提出解除劳动合同，或者用人单位提高劳动合同工资待遇但劳动者不愿意续签的，用人单位可以不支付经济补偿；（2）劳动者在劳动合同期限内，由于主管部门调动或转移工作单位而被解除劳动合同，未造成失业的，用人单位可以不支付经济补偿；（3）当劳动者出现严重违反用人单位的规章制度，严重失职、营私舞弊给用人单位造成重大损害等情形时，用人单位依据《劳动合同法》第 39 条规定解除劳动合同的，用人单位可以不支付经济补偿。

51. 劳动者单方申请解除劳动合同后更改解除理由的，能否申请经济补偿？

情景再现

某甲于2000年4月到A公司工作，与A公司签订劳动合同。2016年5月20日，某甲向A公司书面提出了辞职申请，申请书上记载的辞职理由为“本人申请辞职”。2016年6月20日，双方解除了劳动合同。2017年5月，某甲向劳动争议仲裁委员会申请仲裁，提出因A公司拖欠劳动报酬和欠缴社会保险费导致其申请辞职，请求裁决A公司支付经济补偿。

庭审查明，A公司未拖欠某甲劳动报酬，但存在欠缴社会保险费的情形，在某甲提起仲裁申请前3个月已全部缴清。

法律分析

《劳动合同法》第46条明确规定了用人单位应当向劳动者支付经济补偿的7种情形。只有在符合法律规定的7种情形时，用人单位才应负担经济补偿。本案中，某甲以“本人申请辞职”为由，依据《劳动合同法》第37条的规定提前30日以书面形式通知A公司解除劳动合同，并办理了离职手续。虽然某甲在仲裁申请书和当庭陈述中，均表示其辞职的理由是因为A公司拖欠其工资和欠缴社会保险费，但经庭审调查，与某甲在书面辞职申请中的描述不相符，且无证据证明其提交的书面辞职申请存在欺诈、胁迫、重大误解等情形，应视为某甲真实意思的表达。因此，某甲在申请仲裁时单方将辞职理由更改为“A公司拖欠劳动报酬和欠缴社会保险费”与事实不符。综上，劳动争议仲裁委员会应裁决驳回某甲的仲裁请求。

52. 劳动者与用人单位能否就经济补偿达成协议？

情景再现

某甲于2011年入职某运输公司，岗位为驾驶员。双方签订了劳动合同，对合同期限、工作内容、工资标准等予以了约定。双方合同到期前，该运输公司就续签劳动合同相关事宜征询某甲意见，某甲明确表示不再签订。2015年6月23日，某甲作为乙方与作为甲方的该运输公司签订《离职协议书》，载明：“一、甲乙双方共同确认：双方的劳动关系于2015年6月25日终止；二、甲方一次性向乙方支付经济补偿金8000元；三、甲方支付上述经济补偿金后，双方基于劳动关系的所有权利义务终止，任何一方不得再以任何形式主张与劳动关系相关的任何权利。”协议签订后，该公司按照协议约定金额向某甲支付了相应款项。之后，某甲向成都市劳动争议仲裁委员会申请仲裁，要求该公司支付经济补偿金差额 13525 元。仲裁委作出仲裁裁决书，裁决驳回了某甲的请求。某甲不服仲裁裁决，向法院提起诉讼。

法律分析

《最高人民法院关于审理劳动争议案件适用法律若干问题的解释（三）》第 10 条第 1 款规定：“劳动者与用人单位就解除或终止劳动合同办理相关手续、支付工资报酬、加班费、经济补偿或者赔偿金等达成的协议，不违反法律、行政法规的强制性规定，且不存在欺诈、胁迫或者乘人之危情形的，应当认定有效。”也即，用人单位、劳动者就解除或终止劳动合同办理相关手续、支付工资报酬、经济补偿等进行协商、处分各自权利为法律所允许。上述规定也旨在引导用人单位、劳动者通过协商、调解解决纠纷。故用人单位、劳动者在解除或终止劳动合同过程中，就加班费、经济补偿或者赔偿金等达成的协议，只要不违反法律、行政法规的禁止性规定，应属合法、有效。

53. 经济补偿的计算标准是怎样的?

情景再现

某甲在2015年7月14日与A公司签订了劳动合同，劳动合同期限为3年，月基本工资5000元，并约定了离职经济补偿为1个月基本工资。2017年7月15日，因公司拒不提供劳动安全防护，某甲向公司提出辞职。A公司同意与某甲解除劳动合同，并向其多支付了1个月工资作为经济补偿，某甲认为公司支付的经济补偿低于法律规定，要求公司支付原先2个月的工资作为经济补偿，公司认为劳动合同明确约定了离职经济补偿为1个月工资，不同意某甲的要求。某甲遂向当地劳动仲裁委提起仲裁。

法律分析

为保护非因自身原因主动与用人单位解除劳动合同的劳动者的合法权益，我国法律规定在法定情况下用人单位与劳动者解除劳动合同时应给付劳动者相应的经济补偿。为避免用人单位随意约定经济补偿金的数额，侵犯劳动者的合法权益，我国法律明确规定了经济补偿的计算标准。根据《劳动合同法》第

47 条的规定，经济补偿按劳动者在本单位工作的年限计算，每满 1 年用人单位须向劳动者支付 1 个月工资标准的经济补偿；若劳动者工作在 6 个月以上不满 1 年的，按 1 年计算；不满 6 个月的，用人单位则要向劳动者支付半个月工资的经济补偿。同时，为避免经济补偿过高，给企业带来不必要的负担，《劳动合同法》还规定了劳动者月工资高于用人单位所在直辖市、设区的市级人民政府公布的本地区上年度职工月平均工资 3 倍的，向其支付经济补偿的标准按职工月平均工资 3 倍的数额支付，向其支付经济补偿的年限最高不超过 12 年。因此，经济补偿的最高数额为用人单位所在地区上年度职工月平均工资的 36 倍。

计算经济补偿的关键是确定劳动者的月工资。根据《劳动合同法》第 47 条第 3 款的规定，计算经济补偿的月工资是指劳动者在劳动合同解除或者终止前 12 个月的平均工资。而根据《劳动合同法实施条例》第 27 条的规定，月工资按照劳动者应得工资计算，包括计时工资或者计件工资以及奖金、津贴和补贴等货币性收入。而劳动者的以下劳动收入不列入计算经济补偿的月工资：（1）劳动保护费用，如工作服、解毒剂、清凉饮料费用等；（2）按规定未列入工资总额的各种劳动报酬及其他劳动收入。劳动者在劳动合同解除或者终止前 12 个月的平均工资低于当地最低工资标准的，按照当地最低工资标准计算。劳动者工作不满 12 个月的，按照实际工作的月数计算平均工资。

上述案例中，某甲已在 A 公司连续工作满 2 年，A 公司应当向其支付 2 个月月工资标准的经济补偿金，且经济补偿金计算基准工资应当以某甲在劳动合同解除前 12 个月的平均工资为准。

54. 经济补偿和赔偿金有什么区别？

经济补偿是指用人单位依据国家有关规定或劳动合同约定，在同劳动者解除劳动合同时支付给职工的经济补偿。它的性质是补助费用，不需要行为人存在过错或违法行为，适用于用人单位与劳动者解除劳动合同（协商解除、劳动者提出、非过失性解除、经济性裁员）或合同终止。而赔偿金则是指用人单位违反法律规定解除或者终止劳动合同，需要付给劳动者遭受损失的赔偿。它更加强调用人单位一方存在过错，是一种赔偿性质的费用。经济补偿与赔偿金的区别可概括为以下 4 点：

（1）适用条件不同。法律对两者适用条件都有明确规定，并不相同。用人单位应当向劳动者支付经济补偿的情形，大致分为以下几种：①劳动者依法解除劳动合同的；②用人单位向劳动者提出解除劳动合同并与劳动者协商一致解除劳动合同的；③用人单位非过失性辞退劳动者；④用人单位依法裁员；⑤劳动合同到期终止；⑥特殊情形下用人单位停止经营而导致劳动合同终止；⑦法律、行政法规规定的其他情形。而在《劳动法》《劳动合同法》及相关法律法规规定的情形之外，用人单位单方面违法解除或终止劳动合同的，劳动者不要求继续履行劳动合同的，可以直接要求用人单位支付赔偿金。

（2）主观过错不同。经济补偿不考虑主观过错，而赔偿金是强调过错责任的。

（3）单向或双向不同。经济补偿是单向的，是用人单位向劳动者支付的；而赔偿金是双向的，既有用人单位向员工赔偿，也有员工向用人单位赔偿。

（4）法律性质不同。经济补偿是对劳动者的补偿，而赔偿金是对过错方的惩罚。

55. 什么是集体合同？

根据《集体合同规定》第3条的规定，集体合同是指用人单位与本单位职工根据法律、法规、规章的规定，就劳动报酬、工作时间、休息休假、劳动安全卫生、职业培训、保险福利等事项，通过集体协商签订的书面协议。而专项集体合同，是指用人单位与本单位职工根据法律、法规、规章的规定，就集体协商的某项内容签订的专项书面协议。

集体合同的内容主要包括：（1）劳动报酬；（2）工作时间；（3）休息休假；（4）劳动安全与卫生；（5）补充保险和福利；

（6）女职工和未成年工特殊保护；（7）职业技能培训；（8）劳动合同管理；（9）奖惩；（10）裁员；（11）集体合同期限；（12）变更、解除集体合同的程序；（13）履行集体合同发生争议时的协商处理办法；（14）违反集体合同的责任；（15）双方认为应当协商的其他内容。同时，这些内容应当遵循《集体合同规定》的具体规定。

集体合同的特征是显著的：（1）集体合同是最低标准合同。集体合同是就劳动报酬、工作时间、休息休假、劳动安全卫生等事项的最低标准和企业达成的协议，企业和职工个人签订的劳动合同所定的各项待遇不得低于集体合同的标准。（2）集体合同规定企业承担的义务都具有法律性质，企业不履行义务将承担相应的法律责任。（3）集体合同是要式合同，应以书面形式签订，并经主管机关登记备案，才具有法律效力。

56. 集体合同的内容是如何确定的？

集体合同的内容是用人单位与职工间关于劳动报酬、工作时间、休息休假、劳动安全卫生等事项的最低标准，它涉及用人单位每个职工的切身利益。因此，集体合同的制定必须听取每个职工的意见，代表每个职工的心声。为此，《劳动法》《劳动合同法》《集体合同规定》等明确规定了集体合同内容的确定应当采取集体协商的方式，集体协商主要采取协商会议的形式。

根据《集体合同规定》第5条规定，职工与用人单位集体协商，应当遵循下列原则：（1）遵守法律、法规、规章及国家有关规定；（2）相互尊重，平等协商；（3）诚实守信，公平合作；（4）兼顾双方合法权益；（5）不得采取过激行为。

集体协商中，用人单位与职工双方的代表人数应当对等，每方至少3人，职工一方的协商代表一般由本单位工会选派，职工一方的首席代表一般由本单位工会主席担任。集体协商会议由双方首席代表轮流主持，并按下列程序进行：（1）宣布议程和会议纪律；（2）一方首席代表提出协商的具体内容和要求，另一方首席代表就对方的要求作出回应；（3）协商双方就商谈事项发表各自意见，开展充分讨论；（4）双方首席代表归纳意见。达成一致的，应当形成集体合同草案或专项集体合同草案，由双方首席代表签字。经双方协商代表协商一致的集体合同草案或专项集体合同草案应当提交职工代表大会或者全体职工讨论，经全体职工代表半数以上或者全体职工半数以上同意，集体合同草案或专项集体合同草案通过之后，集体合同的内容确定。

57. 集体合同的订立、生效有什么特殊性？

集体合同不同于个人劳动合同，它是职工集体与用人单位协商的结果，因此它的订立、生效具有不同于个人劳动合同的特殊性。

（1）订立时，集体合同由协商代表代表全体职工与用人单位协商确定集体合同的内容。待用人单位与职工双方协商代表确定了集体合同草案后，集体合同草案应当提交职工代表大会或者全体职工讨论，经全体职工代表半数以上或者全体职工半数以上同意，集体合同草案或专项集体合同草案方获通过。集体合同草案经职工代表大会或者职工大会通过后，由集体协商双方首席代表签字确认。最后，根据集体合同草案确定集体合同的最终内容后，由工会代表企业职工一方与用人单位订立。尚未建立工会的用人单位，由上级工会指导劳动者推举的代表与用人单位订立。

（2）生效时，不同于一般的个人劳动合同，集体合同必须经劳动行政部门审核通过后方能生效。根据《集体合同规定》第 43 条的规定，集体合同审查实行属地管辖，具体管辖范围由省级劳动行政部门规定。中央管辖的企业以及跨省、自治区、直辖市的用人单位的集体合同应当报送人力资源和社会保障部或人力资源和社会保障部指定的省级劳动行政部门。第 44 条规定，劳动行政部门对报送的集体合同的下列事项进行合法性审查：①集体协商双方的主体资格是否符合法律、法规和规章规定；②集体协商程序是否违反法律、法规、规章规定；③集体合同或专项集体合同内容是否与国家规定相抵触。劳动行政部门自收到文本之日起 15 日内未提出异议的，集体合同即行生效。

58. 集体合同可以替代个人劳动合同吗?

集体合同是指企业职工一方与用人单位通过平等协商，就劳动报酬、工作时间、休息休假、劳动安全卫生、保险福利等事项订立的书面协议。根据《劳动合同法》的规定，依法订立的集体合同对用人单位和劳动者具有约束力。从内容上看，集体合同与个人劳动合同都是对劳动报酬、工作时间、休息休假等作出约定；从效力上看，两者对用人单位与劳动者均有约束力。那么是否可以用集体合同替代个人劳动合同呢？答案是否定的。两者虽然存在相似之处，但在主体、内容、效力等方面都有所不同：

（1）签订主体不同。集体合同由工会代表企业职工一方与用人单位订立；尚未建立工会的用人单位，由上级工会指导劳动者推举的代表与用人单位订立。而个人劳动合同是劳动者个人与用人单位签订的。

（2）内容不同。集体合同与个人劳动合同虽然都是对劳动报酬、工作时间等作出的规定，但集体合同的约定往往是通用的、兜底的，如本用人单位岗位的最低工资标准，适用于用人单位全体劳动者的福利待遇、休息休假时间等。而个人劳动合同则更具有针对性，是针对专门的劳动者的，是结合劳动者本人的学位学历、专业技能、工作经历等确定的劳动报酬、福利待遇等。

（3）效力不同。用人单位违反集体合同，侵犯职工劳动权益的，工会可以依法要求用人单位承担责任；因履行集体合同发生争议，经协商解决不成的，工会可以依法申请仲裁或者直接向人民法院提起诉讼。而用人单位违反劳动合同，侵犯劳动者权益的，劳动者可以向劳动监察部门投诉，确实需要诉讼的，必须按照一裁两审的程序进行。

集体合同虽然不能替代个人劳动合同，但它具有补充劳动合同内容的功能。在集体合同有规定而劳动合同无规定或者相关规定无效的情况下，集体合同的内容可以作为劳动合同的补充。当集体合同与劳动合同的内容出现冲突时，应本着“就高不就低”的原则，以最大限度保护劳动者利益为出发点并考虑合同订立时间的先后顺序。但绝不意味着，用人单位签订了集体合同就可以不签订劳动合同。

59. 用人单位违反集体合同应当承担什么责任？

用人单位违反集体合同，是指用人单位在实际用工过程中没有遵照集体合同中约定的内容，如用人单位在和劳动者签订的个人劳动合同中约定的劳动者劳动报酬水平低于集体合同中规定的水平、劳动者享有的休息休假天数少于集体合同约定的时间，又或者是用人单位在后续制定的规章制度中的内容不符合集体合同的约定，实际提供给劳动者的劳动条件不满足集体合同约定的内容，等等。用人单位违反集体合同，本质上是对劳动者合法权益的侵犯，既包括对劳动者整体权益的侵害，也包括对个别劳动者特殊权益的侵害。同时，基于集体合同制定程序的特殊性，用人单位违反集体合同，也是对政府有关部门行政管理行为的违反。因此，《劳动合同法》第56条规定，用人单位违反集体合同，侵犯职工劳动权益的，工会可以依法要求用人单位承担责任。

用人单位违反集体合同需要承担的责任包括民事违约责任与行政责任：（1）民事违约责任。用人单位违反集体合同的，除不能或无须继续履行的情况外，应当继续履行集体合同，其中包括纠正原有违反集体合同的行为，继续完成集体合同规定的具体内容。同时，如果用人单位违反集体合同的行为对劳动者整体、群体或个人造成损害的，还应当承担相应的赔偿或者补偿责任。用人单位违反集体合同时的具体违约责任，可由劳动者与用人单位在集体合同中予以约定。（2）行政责任。用人单位违反集体合同的行政责任，包括用人单位自身的行政责任，如罚款等行政处罚，也包括对负有责任的用人单位管理人员的纪律处分。

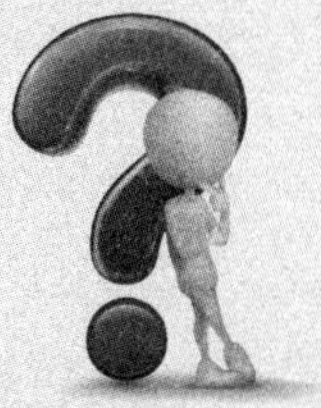

第三章

CHAPTER 3

工资薪酬

60. 我国的工资分配原则是什么？

工资是职工因参加企业劳动，作为劳动报酬领取，并由企业定期支付一定数额的货币。用人单位根据本单位的生产经营特点和经济效益，依法自主确定本单位的工资分配方式和工资水平。为了保证国家对用人单位工资总量的宏观控制，《劳动法》规定了工资分配应遵守的基本原则。根据《劳动法》第 46 条第 1 款的规定，工资分配应当遵循按劳分配原则，实行同工同酬。近年来，我国各地区的工资水平在经济发展的基础上逐步提高，同时国家对工资总量实行宏观调控。《劳动法》第 47 条规定，用人单位根据本单位的生产经营特点和经济效益，依法自主确定本单位的工资分配方式和工资水平。

工资分配应遵守的基本原则包括如下 3 点：（1）按劳分配原则。按劳分配是指按照劳动者提供的劳动数量和劳动质量支付相应的工资。等量劳动取得等量报酬，多劳多得，少劳少得。实行按劳分配原则，要体现奖勤罚懒，奖优罚劣，多劳多得，少劳少得。（2）同工同酬原则。同工同酬是指在提供的劳动数量和劳动质量相同的情况下，领取相等的报酬。实行同工同酬，要求对所有劳动者不分性别、年龄、种族、民族，只要付出同等劳动，就付给同等的劳动报酬。（3）工资水平适应经济发展原则。工资水平是指一定区域和一定时间内劳动者平均收入的高低程度。生产决定分配，只有经济发展才能提供更多的可分配的社会产品，因此工资水平必须与经济发展水平相适应。

社会主义市场经济条件下的企业工资分配制度是按照按劳分配的原则，充分体现职工工资分配与企业经济效益、劳动生产率相联系，体现效率优先、兼顾公平的原则，由企业自主制定的劳动报酬制度。

61. 工资由哪几部分组成？

《劳动法》《劳动合同法》均没有对“工资”的范围进行具体界定。原劳动部印发的《关于贯彻执行〈中华人民共和国劳动法〉若干问题的意见》第53条规定，劳动法中的“工资”是指用人单位依据国家有关规定或劳动合同的约定，以货币形式直接支付给本单位劳动者的劳动报酬，一般包括计时工资、计件工资、资金、津贴和补贴、延长工作时间的工资报酬以及特殊情况下支付的工资等。其中，“工资”是劳动者劳动收入的主要组成部分。

根据《关于工资总额组成的规定》第5条至第10条的规定，工资的具体组成如下：

（1）计时工资，是指按计时工资标准（包括地区生活费补贴）和工作时间支付给个人的劳动报酬。包括对已做工作按计时工资标准支付的工资；实行结构工资制的单位支付给职工的基础工资和职务（岗位）工资；新参加工作职工的见习工资（学徒的生活费）；运动员体育津贴。

（2）计件工资，是指对已做工作按计件单价支付的劳动报酬。包括：实行超额累进计件、直接无限计件、限额计件、超定额计件等工资制，按劳动部门或主管部门批准的定额和计件单价支付给个人的工资；按工作任务包干方法支付给个人的工资；按营业额提成或利润提成办法支付给个人的工资。

（3）奖金，是指支付给职工的超额劳动报酬和增收节支的劳动报酬。包括：生产奖；节约奖；劳动竞赛奖；机关、事业单位的奖励工资；其他奖金。

（4）津贴和补贴，是指为了补偿职工特殊或额外的劳动消耗和因其他特殊原因支付给职工的津贴，以及为了保证职工工资水平不受物价影响支付给职工的物价补贴。津贴包括补偿职工特殊或额外劳动消耗的津贴，保健性津贴，技术性津贴，年功性津贴及其他津贴；物价补贴包括为保证职工工资水平不受物价上涨或变动影响而支付的各种补贴。

（5）加班加点工资，是指按规定支付的加班工资和加点工资。

（6）特殊情况下支付的工资，包括根据国家法律、法规和政策规定，因病、工伤、产假、计划生育假、婚丧假、事假、探亲假、定期休假、停工学习、执行国家或社会义务等原因按计时工资标准或计时工资标准的一定比例支付的工资；附加工资、保留工资。

62. 工资不包括哪些部分？

根据原劳动部印发的《关于贯彻执行〈中华人民共和国劳动法〉若干问题的意见》第53条的规定，劳动者的以下劳动收入不属于工资范围：（1）单位支付给劳动者个人的社会保险福利费用，如丧葬抚恤救济费、生活困难补助费、计划生育补贴等；（2）劳动保护方面的费用，如用人单位支付给劳动者的工作服、解毒剂、清凉饮料费用等；（3）按规定未列入工资总额的各种劳动报酬及其他劳动收入，如根据国家规定发放的创造发明奖、国家星火奖、自然科学奖、科学技术进步奖、合理化建议和技术改进奖、中华技能大奖等，以及稿费、讲课费、翻译费等。

根据《关于工资总额组成的规定》，工资总额不包括的项目主要有：（1）根据国务院发布的相关规定颁发的发明创造奖与自然科学奖、科学技术进步奖和支付的合理化建议和技术改进奖以及支付给运动员、教练的奖金；（2）有关劳动保险和职工福利方面的各项费用；（3）有关离休、退休、退职人员待遇的各项支出；(4) 劳动保护的各项支出；(5) 稿费、讲课费及其他专门工作报酬；(6) 出差伙食补助费、午餐补助、调动工作的旅费和安家费；(7) 对自带工具和牲畜来企业工作，职工所支付的工具和牲畜等的补偿费用；(8) 实行租赁经营单位的承租人的风险性补偿收入；(9) 对购买本企业股票及其债券的职工所支付的股息（包括股金分红）和利息；(10) 劳动合同制职工解除劳动合同时由企业支付医疗补助费及生活补助费等；(11) 因录用临时工而在工资之外向提供劳动力单位支付的手续费或管理费；(12) 支付给家庭工人的加班费和按加工订货办法支付给承包单位的发包费用；(13) 支付给参加企业劳动的在校学生的补贴；(14) 计划生育独生子女补贴。

63. 什么是最低工资保障制度？

《劳动法》第 48 条第 1 款规定，国家实行最低工资保障制度。最低工资保障制度是我国一项基本的劳动和社会保障制度，是国家为了保护劳动者的基本生活，在劳动者提供正常劳动的情况下，而强制规定用人单位必须支付给劳动者的最低工资报酬。所谓的“正常劳动”，是指劳动者按依法签订的劳动合同约定，在法定工作时间或劳动合同约定的工作时间内从事的劳动。劳动者依法享受带薪年休假、探亲假、婚丧假、生育（产）假、节育手术假等国家规定的假期间，以及在法定工作时间内依法参加社会活动期间，视为提供了正常劳动。用人单位支付劳动者的工资不得低于当地最低工资标准。

最低工资标准一般采取月最低工资标准和小时最低工资标准两种形式，月最低工资标准适用于全日制就业劳动者，小时最低工资标准适用于非全日制就业劳动者。最低工资标准并不是一成不变的，每年会随着生活费用水平、职工平均工资水平、经济发展水平的变化而由各地人民政府进行调整。具体而言，确定和调整月最低工资标准，应参考当地就业者及其赡养人口的最低生活费用、城镇居民消费价格指数、职工个人缴纳的社会保险费和住房公积金、职工平均工资、经济发展水平、就业状况等因素。确定和调整小时最低工资标准，应在颁布的月最低工资标准的基础上，考虑单位应缴纳的基本养老保险费和基本医疗保险费因素，同时还应适当考虑非全日制劳动者在工作稳定性、劳动条件和劳动强度、福利等方面与全日制就业人员之间的差异。

根据《最低工资规定》，在劳动者提供正常劳动的情况下，用人单位应支付给劳动者的工资在剔除下列各项以后，不得低于当地最低工资标准：（1）延长工作时间工资；（2）中班、夜班、高温、低温、井下、有毒有害等特殊工作环境、条件下的津贴；（3）法律、法规和国家规定的劳动者福利待遇等。实行计件工资或提成工资等工资形式的用人单位，在科学合理的劳动定额基础上，其支付劳动者的工资不得低于相应的最低工资标准。但如果劳动者由于本人原因造成在法定工作时间内或依法签订的劳动合同约定的工作时间内未提供正常劳动的，则不适用最低工资标准，其最终工资可以低于规定的最低工资。

64. 最低工资标准是如何确定的?

最低工资标准是指劳动者在法定工作时间或依法签订的劳动合同约定的工作时间内提供了正常劳动的前提下，用人单位依法应支付的最低劳动报酬。为有效发挥最低工资标准的基本生活保障作用，最低工资标准必须能够满足劳动者的基本生活需求，并随着社会生活水平的变化做出相应的调整。为此，我国法律规定了各地要适时调整最低工资标准。

根据《最低工资规定》，确定和调整月最低工资标准，应参考当地就业者及其赡养人口的最低生活费用、城镇居民消费价格指数、职工个人缴纳的社会保险费和住房公积金、职工平均工资、经济发展水平、就业状况等因素。确定和调整小时最低工资标准，应在颁布的月最低工资标准的基础上，考虑单位应缴纳的基本养老保险费和基本医疗保险费因素，同时还应适当考虑非全日制劳动者在工作稳定性、劳动条件和劳动强度、福利等方面与全日制就业人员之间的差异。

在确定和调整最低工资标准的程序上，最低工资标准的确定和调整方案，由省、自治区、直辖市人民政府劳动保障行政部门会同同级工会、企业联合会或企业家协会研究拟订，并将拟订的方案报送人力资源和社会保障部。方案内容包括最低工资确定和调整的依据、适用范围、拟订标准和说明人力资源和社会保障部在收到拟订方案后，应征求全国总工会、中国企业联合会或企业家协会的意见。随后，省、自治区、直辖市劳动保障行政部门应将本地区最低工资标准方案报省、自治区、直辖市人民政府批准，并在批准后 7 日内在当地政府公报和至少一种全地区性报纸上发布。省、自治区、直辖市劳动保障行政部门应在发布后 10 日内将最低工资标准报人力资源和社会保障部。最低工资标准发布实施后，如相关确定因素发生变化，应当适时调整，且每两年至少调整一次。

65. 工资必须以货币形式支付吗？

情景再现

某甲在某月饼加工公司工作。2018 年中秋期间，月饼销售市场不如前几年火热，加之该月饼加工公司生产的月饼不符合消费者口味，月饼滞销，公司现金周转不过来，无法全额支付

10月份工资。于是，该公司决定以月饼补足这个月的工资。某甲及公司其他员工认为公司应当以货币形式全额支付工资，而不能用月饼代替一部分工资，并向当地劳动局投诉。

法律分析

虽然《工资支付暂行规定》第3条规定了“工资是指用人单位依据劳动合同的规定，以各种形式支付给劳动者的工资报酬”，但这并不意味着用人单位可以以非货币形式支付工资。《劳动法》第50条规定，工资应当以货币形式按月支付给劳动者本人。《工资支付暂行规定》第5条也明确规定，工资应当以法定货币支付，不得以实物及有价证券替代货币支付。《工资支付暂行规定》所说的“各种形式”指的是支付渠道、分类的不同，支付渠道可以包括现金发放、银行转账或现金和银行转账结合，工资可以以基本工资、奖金、津贴和补贴等形式发放。

用人单位确因生产经营困难，资金周转受到影响，可以延期支付劳动者工资，但不能以非货币形式补全或代替货币发放工资。

工资是劳动者付出劳动的报酬，是劳动者生活的基本保证，法律规定应以货币形式支付劳动者的工资，不仅是由于货币是市场商品的流通手段和支付手段，而且是为了保证真正实现按劳分配，而实物则无法实现货币的职能和作用。在实际工作中，一些企业可能会遇到这样或那样的困难，但是，不管遇到什么情况，都必须按照法律规定，以货币形式支付劳动者工资。

66. 劳动者在法定工作时间参加社会活动，用人单位可以不支付工资吗？

情景再现

某甲是A公司的一名基层车间装配工，因热心公益被选举为所在县的人大代表。在2018年全县人民代表大会期间，某甲作为人大代表脱岗参加了相关会议。在某甲收到当月工资时，却发现自己参会期间的工资被扣发了。某甲认为自己作为人大代表参加人大会议是依法履行公民义务的行为，公司不能因此扣发工资。为此，某甲向当地劳动局投诉。

法律分析

人民群众在社会中的身份是多样的，一方面在用人单位工作时是劳动者；另一方面其也可能担任其他社会职务，参与社会活动。为了保障劳动者依法参与社会公共活动的权利，我国《工资支付暂行规定》第10条规定了劳动者在法定工作时间内依法参加社会活动期间，用人单位应视同其提供了正常劳动而支付工资。这里的社会活动包括：依法行使选举权或被选举权；

当选代表出席乡（镇）、区以上政府、党派、工会、青年团、妇女联合会等组织召开的会议；出任人民法院证明人；出席劳动模范、先进工作者大会；《工会法》规定的不脱产工会基层委员会委员因工会活动占用的生产或工作时间；其他依法参加的社会活动。

因此，上述案例中，某甲作为人大代表在法定工作时间参加人大会议，用人单位不能扣发其工资。

67. 劳动者未完成离职交接，用人单位可以扣发工资吗？

情景再现

某甲于2015年8月15日入职某生物科技公司，担任工程师，双方签订书面劳动合同，约定某甲的月工资为7000元。某甲于2017年10月31日离职，某生物科技公司以某甲未完成工作交接为由，拒绝向其发放10月份的工资，某甲向劳动争议仲裁委员会申请仲裁，要求某生物科技公司补发其10月份的工资。

法律分析

《劳动法》第50条规定："工资应当以货币形式按月支付给劳动者本人。不得克扣或者无故拖欠劳动者的工资。"原劳动部印发的《对〈工资支付暂行规定〉有关问题的补充规定》也规定“无故拖欠工资”系指用人单位无正当理由超过规定付薪时间未支付劳动者工资，不包括:（1）用人单位遇到非人力所能抗拒的自然灾害、战争等原因、无法按时支付工资;（2）用人单位确因生产经营困难、资金周转受到影响，在征得本单位工会同意后，可暂时延期支付劳动者工资，延期时间的最长限制可由各省、自治区、直辖市劳动行政部门根据各地情况确定。除上述规定情形外，拖欠工资均属无故拖欠。本案中，某甲虽在离职时未完成工作交接，但不应作为扣发其工资的法定事由，某生物科技公司应向某甲及时足额支付当月工资。

另外，离职员工办理工作交接为劳动者应尽的后合同义务，从员工的角度而言，应配合原用人单位做好工作交接、办理离职手续。某生物科技公司若能够证明某甲存在不交接工作文件行为，并且该行为确实给公司造成实际损失的，有权要求其赔付相应的经济损失。

68. 劳动者提前离职，用人单位能不支付年终奖吗?

情景再现

某甲是A科技公司的一名中层管理人员。根据某甲和A公司签订的劳动合同，每年末A公司将根据某甲的一年工作业绩支付其一定的年终奖。但A公司内部规章制度同时规定了为防止员工年底跳槽，年终奖在来年第一个月发放。某甲在2017年年底向A公司提出辞职，A公司同意，但当某甲要求公司支付其本年度的年终奖时，A公司予以拒绝。某甲认为年终奖是自己工作收入的一部分，公司不能扣发，为此向当地劳动争议仲裁委员会提出仲裁申请。

法律分析

年终奖是用人单位根据全年经济效益和对员工全年工作业绩的综合考核情况而发放的一次性奖金，属于合法劳动报酬的范畴，而不只是用人单位激励员工、留住人才的手段，用人单位不得无故拖欠或克扣。但是关于年终奖的规则，法律并没有明确规定。如果劳动关系双方在劳动合同或集体合同中未作约定，企业规章制度中也没有相关规定，则企业可根据本年度的综合经营状况以及劳动者个人年度工作表现决定是否发放年终奖。如果劳动合同或企业规章制度、员工手册中有此类明确规定，则企业就必须按约定或制度规定发放年终奖，否则就要承担随意减少员工劳动报酬的法律责任，员工可以要求补发并主张法定经济赔偿金。

因为年终奖属于用人单位自主管理范畴，用人单位有权自主决定年终奖的发放条件、数额、时间等具体事项。如果劳动合同或用人单位的规章制度中有明确规定，则用人单位必须按照约定或规章制度发放。当用人单位的规章制度与劳动合同的约定相抵触时，根据《最高人民法院关于审理劳动争议案件适用法律若干问题的解释（二）》第16条规定，“用人单位制定的内部规章制度与集体合同或者劳动合同约定的内容不一致，劳动者请求优先适用合同约定的，人民法院应予支持”，即应按照对劳动者有利的原则处理。

上述案例中，某甲已完成了2017年全年的工作，虽然他在年底辞职，但A公司仍应当根据其工作情况支付年终奖。

69. 劳动者患病或非因工受伤，在规定的医疗期内，用人单位可以不支付工资吗？

劳动者患病或非因工受伤，是难以避免的，虽然这与用人单位并没有直接的关系，但基于保护弱势群体、维护劳动者权益的考虑，国家对劳动者患病或者非因工负伤也规定了相应的医疗期待遇。在工资方面，根据《劳动法》《企业职工患病或非因工负伤医疗期规定》《关于贯彻执行〈中华人民共和国劳动法〉若干问题的意见》的相关内容，在规定的医疗期内，用人单位应当按有关规定支付劳动者病假工资。但是，劳动者的病假工资无须与其日常工作期间可获得的工资完全一致，病假工资可以低于用人单位所在地最低工资标准支付，但不能低于最低工资标准的 80%。

同时，部分地区在上述国家规定的基础上，还作出了补充规定，如《上海市劳动局关于加强企业职工疾病休假管理保障职工疾病休假期间生活的通知》规定了劳动者患病或非因工负伤连续休假在 6 个月以内的，企业应按下列标准支付疾病休假工资：连续工龄不满 2 年的，按本人工资的 60% 计发；连续工龄满 2 年不满 4 年的，按本人工资的 70% 计发；连续工龄满 4 年不满 6 年的，按本人工资的 80% 计发；连续工龄满 6 年不满 8 年的，按本人工资的 90% 计发；连续工龄满 8 年及以上的，按本人工资的 100% 计发。劳动者患病或非因工负伤连续休假超过 6 个月的，由企业支付疾病救济费，其中连续工龄不满 1 年的，按本人工资的 40% 计发；连续工龄满 1 年不满 3 年的，按本人工资的 50% 计发；连续工龄满 3 年及以上的，按本人工资的 60% 计发。劳动者本人工资按职工正常情况下实得工资的 70% 计算。同时，上海市还规定如果劳动者患病或非因工负伤休假待遇低于本企业月平均工资 40% 的，应补足到本企业月平均工资的 40%。企业月平均工资的 40% 低于本市在职职工定期生活困难补助标准的，应补足到本市在职职工定期生活困难补助标准。劳动者患病或非因工负伤待遇高于本市上年度月平均工资的，可按本市上年度月平均工资计发。

70. 工资必须按月支付吗？

情景再现

某甲于2018年3月进入A公司工作，根据双方劳动合同的约定，某甲的基本工资为人民币8000元/月，但考虑到公司刚刚成立，经营资金需求较大，按季度支付工资。某甲考虑到公司发展不易，同意工资按季度支付。但是，在实际工作中，某甲逐渐感到自己的钱经常不够用，于是向公司提出能否改为按月支付，反正他一个人的工资对公司整体的资金量影响不大。然而，A公司以双方已经在劳动合同中约定了按季度支付工资为由拒绝了某甲。

某甲认为与A公司虽然约定了工资按季度支付，但是这一约定违反了法律的强制性规定，是无效的，请求劳动争议仲裁委员会责令A公司改正。

法律分析

根据《工资支付暂行规定》第7条的规定，工资必须在用人单位与劳动者约定的日期支付，但这并不意味着用人单位与劳动者可以随意约定工资支付的周期。为了实现工资保障劳动者生活的作用，我国法律、法规对工资支付的周期也作出了相应的强制性规定：《工资支付暂行规定》要求工资至少每月支付一次。对于实行周、日、小时工资制的可按周、日、小时支付工资。同时，对于完成一次性临时劳动或某项具体工作的劳动者，用人单位应当按照双方签订的相关协议或合同约定在劳动者完成劳动任务后支付工资，也无须按月支付工资。并且，若用人单位与劳动者约定的工资支付日期遇节假日或休息日，应提前在最近的工作日支付。

71. 劳动者被借调至外单位工作期间，拖欠的工资应由谁支付？

情景再现

某甲系与A公司签订无固定期限劳动合同的职工。2014年1月，A公司与B公司签订《员工借用协议》，协议约定：2014年1月至2016年12月，A公司将本单位职工某甲借用至B公司工作，借用期满即回A公司，某甲在借用至B公司工作期间，保留与A公司的劳动关系，工资、福利、社保等由B公司负责；A公司自2014年1月起每月暂借给B公司资金3000元，用于支付某甲的工资及缴纳社保费，B公司每年12月31日前一次性将此款归还A公司。某甲到B公司工作后，B公司与其约定工资标准为每月1万元。2015年1月起，B公司因生产经营困难，开始拖欠某甲工资。某甲就B公司拖欠其工资的行为向A公司反映并要求A公司支付，A公司称与其无关，拒绝支付。2014年1月至2016年12月在某甲借用期间,A公司将应当借给B公司的每月3000元，直接支付给了某甲。某甲于2016年12月回到A公司。

某甲向劳动争议仲裁委员会申请仲裁，请求裁决A公司支付其被B公司拖欠的2015年1月至2016年12月的工资。

法律分析

原劳动部印发的《关于贯彻执行〈中华人民共和国劳动法〉若干问题的意见》第7条规定："用人单位应与其长期被外单位借用的人员、带薪上学人员、以及其他非在岗但仍保持劳动关系的人员签订劳动合同，但在外借和上学期间，劳动合同中的某些相关条款经双方协商可以变更"；第74条规定，"企业富余职工、请长假人员、请长病假人员、外借人员和带薪上学人员，其社会保险费仍按规定由原单位和个人继续缴纳"。由此可见，劳动者在被借调至外单位工作期间，劳动关系仍在原用人单位，双方经协商后可以变更劳动合同的相关条款。本案中，某甲在被借用期间与A公司仍然存在劳动关系，但双方并未协商对工资支付的主体作出变更，因此，A 公司仍须承担向某甲支付工资的义务。

72. 在劳动争议处理期间，用人单位须继续支付工资吗？

情景再现

2017 年 8 月 1 日，某甲与 A 公司签订了书面劳动合同，约定某甲在 A 公司担任法务部高级专员，劳动合同期限为 2 年。2018 年 2 月，A 公司以某甲违反公司考勤制度为由，对其作出辞退处理，并发出了辞退通知。某甲对此不服，向当地劳动争议仲裁委员会提出仲裁申请。仲裁委员会经审理认为，A 公司的辞退处理不当，要求其撤销。A 公司不服，向当地法院起诉。2018 年 6 月，法院经审理后作出判决，A 公司应撤销对某甲的辞退处理决定，双方恢复劳动关系，继续履行劳动合同。A 公司在法院判决当日撤销了原辞退处理决定，但认为某甲在劳动争议处理期间（即 2018 年 2 月至 6 月）未向公司提供劳动，拒不发放这段期间的工资，某甲对此不服，认为公司有义务补发劳动争议处理期间的工资。

法律分析

根据《劳动合同法》第 30 条第 1 款的规定，用人单位应当按照劳动合同约定和国家规定，向劳动者及时足额支付劳动报酬。法律明确规定了用人单位有及时足额支付劳动报酬的法定义务，但是义务与权利是相对的，用人单位履行支付劳动报酬的义务应当以劳动者为其提供了充分的劳动为前提。但是，在某些特殊情况下，劳动者不能正常提供劳动是用人单位造成的，如用人单位拒不提供符合安全要求的劳动防护用具、强令劳动者从事危险工作等。在这些情况下，用人单位不能以劳动者不提供劳动为由拒不支付劳动报酬。

上述案例中，某甲不能正常提供劳动的原因是A公司作出了不当的辞退决定，拒绝其依法提供劳动，导致双方进入劳动争议审理程序。A公司对于停止某甲劳动的决定存在过错，应当对自己的错误行为付出相应的代价，赔偿某甲从辞退处理作出后至法院判决恢复劳动关系这一期间的工资。

73. 哪些情况下，用人单位可以扣减劳动者工资？

根据《工资支付暂行规定》，用人单位不得克扣劳动者工资。但是，这并不意味着任何情况下用人单位都不能扣减劳动者的工资。当出现法定情形时，用人单位可以相应扣减劳动者的工资。

用人单位扣减劳动者的工资，主要包括两种情形：一种是代为扣除相关费用。有下列情况之一的，用人单位可以代扣本单位劳动者工资：（1）用人单位代扣代缴的个人所得税；（2）用人单位代扣代缴的应由劳动者个人负担的各项社会保险费用；（3）法院判决、裁定中要求代扣的抚养费、赡养费；（4）法律、法规规定可以从劳动者工资中扣除的其他费用。

另一种是因劳动者工作业绩而依法依约扣减劳动者工资。用人单位有正当理由的，可以扣减劳动者的工资：（1）国家的法律、法规中有明确规定的；（2）依法签订的劳动合同中有明确规定的；（3）用人单位依法制定的并经职工代表大会批准的厂规、厂纪中有明确规定的；（4）用人单位工资总额与经济效益相联系，经济效益下浮时，工资必须下浮的（但支付给劳动者的工资不得低于当地的最低工资标准）；（5）因劳动者请事假等相应减发工资等。

74. 什么是工资集体协商？

工资集体协商，是指职工代表与企业代表依法就企业内部工资分配制度、工资分配形式、工资收入水平等事项进行平等协商，在协商一致的基础上签订工资协议的行为。工资协议，作为工资集体协商的产物，是专门就工资事项签订的专项集体合同。已订立集体合同的，工资协议作为集体合同的附件，并与集体合同具有同等效力。基于此，通过工资集体协商依法订立的工资协议对企业和职工双方具有同等约束力。双方必须全面履行工资协议规定的义务，任何一方不得擅自变更或解除工资协议。劳动者个人与企业订立的劳动合同中关于工资报酬的标准，不得低于工资协议规定的最低标准。

根据《工资集体协商试行办法》第8条的规定，协商确定职工年度工资水平应符合国家有关工资分配的宏观调控政策，并综合考虑以下几项因素：（1）地区、行业、企业的人工成本水平；（2）地区、行业的职工平均工资水平；（3）当地政府发布的工资指导线、劳动力市场工资指导价位；（4）本地区城镇居民消费价格指数；（5）企业劳动生产率和经济效益；（6）国有资产保值增值；（7）上年度企业职工工资总额和职工平均工资水平；（8）其他与工资集体协商有关的情况。

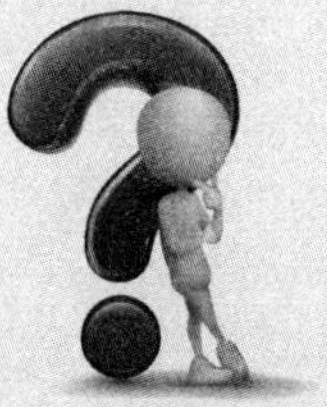

第四章

CHAPTER 4

工作时间与休息休假

75. 劳动时间是什么？

劳动者的劳动时间又称工作时间，我国法律以一天和一周作为计算周期计算劳动者的劳动时间，因此劳动时间是指劳动者在一天和一周内从事劳动的时间。根据原劳动部在 1994 年发布的《关于国家铁路劳动者实行综合计算工时工作制的批复》，劳动者的劳动时间由 4 部分组成：（1）准备结束时间，指劳动者在工作日（班），为完成生产任务或作业的准备和结束所消耗的时间；（2）作业时间，指劳动者直接用于完成规定的生产任务或作业所消耗的时间；（3）劳动者自然需要的中断时间，指劳动者因自身的生理需要而必须中断正常工作的时间；（4）工艺中断时间，指劳动者在工作时间中，因工艺技术特点的需要使工作必须中断的时间。

76. 劳动时间的长度应如何计算？

劳动时间的长度由法律直接规定，或者由集体合同或劳动合同直接规定。根据《劳动法》第 36 条、第 37 条、第 39 条的规定，劳动时间主要有 3 种类型：标准工作时间、计件工作时间和其他工作时间。

（1）标准工作时间。根据《劳动法》及《国务院关于职工工作时间的规定》，我国的标准工时是每日工作8小时，平均每周工作44小时，每周至少一天休息日。

（2）计件工作时间。实行计件工作的劳动者，用人单位应当根据每日工作不超过8小时，平均每周工作不超过44小时的工时制度，合理确定劳动者的劳动定额和计件报酬标准。

（3）其他工作时间，包括缩短工作时间、延长工作时间、不定时工作时间和综合计算工作时间：①缩短工时是指法律规定的在特殊情况下劳动者的劳动时间可以少于标准工作时间，如从事矿山井下、高温、有毒有害、特别繁重或过度紧张等作业的劳动者；从事夜班工作的劳动者；哺乳期的女职工。②延长工作时间，是指超过标准工作时长的工作时间，延长工作时间必须符合法律、法规的规定。③不定时工作时间，又称不定时工作制，是指无固定工作时数限制的工时制度，适用于工作性质和职责范围不受固定工作时间限制的劳动者，如企业中的高级管理人员、外勤人员、推销人员、部分值班人员、从事交通运输的工作人员以及其他因生产特点、工作特殊需要或职责范围的关系，适合实行不定时工作制的职工等。④综合计算工作时间，又称综合计算工时工作制，是指以一定时间为周期，集中安排并综合计算工作时间和休息时间的工时制度，即分别以周、月、季、年为周期综合计算工作时间，但其平均日工作时间和平均周工作时间应与法定标准工作时间基本相同。综合计算工作时间可适用于交通、铁路、邮电、水运、航空、渔业等行业中因工作性质特殊，须连续作业的职工；地质及资源勘探、建筑、制盐、制糖、旅游等受季节和自然条件限制的行业的部分职工等。

77. 计件工作有无工时制度的保护？

情景再现

某甲从 2015 年起在 A 公司从事手机零部件装配工作。根据双方的约定，某甲的工作实行计件工作制，A 公司每月初确定某甲当月的工作量，某甲须在当月完成公司确定的工作量，A 公司在给付某甲基本工资的情况下，根据某甲完成的手机零部件装配数量和质量确定某甲的计件工资，某甲的最终工资由基本工资和计件工资组成。

某甲在 A 公司一直工作到 2018 年年初，因认为 A 公司每月确定的工作量过重，已超出一般工作强度，导致其每天加班加点工作，连休息日也只能放弃，不堪重负，向 A 公司提出了辞职。同时，某甲觉得 A 公司确定的过重的工作量使得他每天的工作时间基本达到了 12 小时，每周的工作时间远远超过了 44 小时，已经大幅超过了法定工作时间，且无休息日，认为A公司的行为已经违反了《劳动法》关于工时的规定，请求A公司予以赔偿。

法律分析

计件工作制，或称计件工时制，是指以劳动者完成一定数量的合格产品或一定的工作量来确定劳动报酬的一种劳动形式。在我国，计时工作制是工资分配的基本形式，它根据职工的工资标准和实际工作时间的长短（小时工资制、日工资制、月工资制）来计算劳动者的薪酬。但是，计时工作制无法准确衡量劳动者完成的工作量和工作质量，在一些生产型企业中无法有效提高劳动者的劳动积极性。因此，有必要在那些以产品、服务数量决定经营业绩的工作中推行计件工作制。计件工作制最大的特点是将劳动报酬和劳动成果直接紧密地联系在一起，能够直接、准确反映出劳动者实际付出的劳动量，使不同劳动者之间以及同一劳动者在不同时间上的劳动差别在劳动报酬上得到合理反映，更好地体现按劳分配原则。计件工作制并不适用于全部行业、岗位，有一定的要求：（1）能准确计量产品数量；（2）有明确的质量标准，并能准确检验；（3）产品的数量和质量主要取决于劳动者的主观努力；（4）具有先进合理的劳动定额和较健全的原始记录；（5）生产任务饱满，原材料充足，产品销路正常，产量提升有空间。

计件工作制虽然是按照劳动者生产的合格品的数量或作业量和预先规定的计件单价来计算薪酬，但是它并非不受劳动时间的限制。为保障劳动者的休息时间，我国《劳动法》及其他法律法规对计件工作的劳动者，同样规定了工时制度保护。《劳动法》第37条规定，对于实行计件工作的劳动者，用人单位应当根据标准工时制，即每日工作时间不超过8小时、平均每周工作时间不超过44小时合理确定劳动者的劳动定额和计件报酬标准，同时用人单位应当保障劳动者每周至少休息1天。因此，用人单位过高地确定劳动者的劳动定额，使劳动者的工作时间过多地超出标准工时，且不安排休息日的行为是违反《劳动法》的。此外，《工资支付暂行规定》第13条还规定，实行计件工资的劳动者，在完成计件定额任务后，由用人单位安排延长工作时间的，应分别按照不低于其本人法定工作时间计件单价的150%、200%、300%支付其工资。

78. 任何岗位都可以实行不定时工作制吗?

不定时工时制是指针对因生产经营特点、工作特殊需要或职责范围的关系，无法按标准工作时间衡量或者需要机动作业的职工所采用的一种灵活形式的工时制度。因此，并不是所有的用人单位、工作岗位都能够采用不定时工作制。根据我国现行法律规定，除了明文规定的企业和人员以外，均不能实行不定时工作制度，且应当严格执行《劳动法》《劳动合同法》规定的其他工时制度。根据原劳动部印发的《关于企业实行不定时工作制和综合计算工时工作制的审批办法》第4条规定，企业对符合下列条件之一的职工，可以实行不定时工作制：（1）企业中的高级管理人员、外勤人员、推销人员、部分值班人员和其他因工作无法按标准工作时间衡量的职工；（2）企业中的长途运输人员、出租汽车司机和铁路、港口、仓库的部分装卸人员以及因工作性质特殊，需机动作业的职工；（3）其他因生产特点、工作特殊需要或职责范围的关系，适合实行不定时工作制的职工。如果公司岗位不符合这三个条件的，不能实行不定时的工作制度。

79. 应当安排休假的节日有哪些？

休息休假是劳动者法定的权利。用人单位除应当保障劳动者每周至少休息1天外，还应当在法定的休假节日安排劳动者休假。根据《全国年节及纪念日放假办法》的规定，法定休假日包括3种情况，分别是全体公民放假的节日、部分公民放假的节日及纪念日、少数民族习惯的节日。

（1）全体公民放假的节日。全体公民放假的节日包括7个，分别是新年、春节、清明节、劳动节、端午节、中秋节、国庆节，其中新年、清明节、劳动节、端午节、中秋节放假 1 天，为各节日当天；春节、国庆节放假 3 天，春节是农历正月初一、初二、初三，国庆节是 10 月 1 日、2 日、3 日。

（2）部分公民放假的节日及纪念日。部分公民放假的节日及纪念日包括 4 个：妇女节（3 月 8 日），妇女放假半天；青年节（5 月 4 日），14 周岁以上的青年放假半天；儿童节（6 月 1 日），不满 14 周岁的少年儿童放假 1 天；中国人民解放军纪念日（8 月 1 日），现役军人放假半天。

（3）少数民族习惯的节日。我国少数民族众多，许多少数民族都有自己习惯的节日，如蒙古族的那达慕、傣族的泼水节、回族的古尔邦节等。为促进民族团结，照顾少数民族习惯，我国规定了少数民族习惯的节日，由各少数民族聚居地区的地方人民政府，按照各民族习惯，规定放假日期。例如，《云南省楚雄彝族自治州自治条例》第 69 条规定，农历每年 6 月 24 日为彝族“火把节”，放假 3 天。

其他纪念日和节日，如二七纪念日、五卅纪念日、七七抗战纪念日、九三抗战胜利纪念日、九一八纪念日、教师节、护士节、记者节、植树节等，均不放假。

全体公民放假的假日，如果适逢星期六、星期日，应当在工作日补假。部分公民放假的假日，如果适逢星期六、星期日，则不补假。

80. 用人单位可以因生产需要延长工作时间吗？

用人单位因生产经营的需要，可以延长劳动者工作时间，也就是“加班”。但是，为了保障劳动者休息的权利，《劳动法》等法律法规对用人单位延长劳动者工作时间做出了严格限制。在程序上，用人单位必须与工会和劳动者本人协商；在时长上，一般每日不得超过 1 小时；因特殊原因需要延长工作时间的，在保障劳动者身体健康的条件下延长工作时间每日不得超过 3 小时，但是每月不得超过 36 小时。

在部分特殊情形下，用人单位延长劳动者工作时间不受上述时长的限制。根据《劳动法》第 42 条和《国务院关于严格制止企业滥发加班加点工资的通知》的规定，特殊情况主要包括 4 种：（1）发生自然灾害、事故或者因为其他原因，使人民的安全健康和国家财产受到严重威胁，需要紧急处理的；（2）生产设备、交通运输线路、公共设施发生故障，影响生产和公众利益，必须及时抢修的；（3）必须利用法定节日或公休假日的停产期间进行设备检修、保养的；（4）为完成国防紧急任务，或者完成上级在国家计划外安排的其他紧急生产任务，以及商业、供销企业在旺季完成收购、运输、加工农副产品紧急任务的。除此之外，如果法律、行政法规另行规定了某些其他特殊情况，劳动者的加班时长也不受限制。

81. 采用综合工时制的用人单位可以不支付加班费吗？

情景再现

某甲是某机械制造公司的一名装配工。该公司订单较多且不均衡，无法安排劳动者实行标准工时制度，经当地劳动部门批准，对部分员工实行以年为周期的综合工时制度。某甲作为该部分员工也采用综合工时制度。2017年，因订单量一直较大，该公司安排某甲所在工段员工连续生产，每天工作10小时，除春节期间统一放假一周外，其他时间一直没有安排员工调休。2018年年初，某甲作为职工代表向公司提出安排调休和支付加班费，但被公司拒绝，公司答复称综合工时制是弹性工作制度，在生产任务没有完成之前，任何员工不得休息；公司已经按照实际出勤情况发放了工资，不同意补发加班费。为此，某甲及其他同事向当地劳动局投诉，要求补发加班费。

法律分析

实行综合工时制的企业在工时综合计算周期内，某一具体日（或周）的实际工作时间可以超过8小时（或44小时），但综合计算周期内的总实际工作时间不应超过总法定标准工作时间，否则超出部分应当视为延长工作时间并按《劳动法》第44条第1款的规定支付加班费。根据《劳动法》第44条第1项规定，用人单位安排劳动者延长工作时间的，支付不低于工资的150%的工资报酬。因此，在上述案例中，某机械制造公司应当综合计算某甲及其同事的延长工作时间，依法支付加班费。

实务中，许多用人单位对于实行综合工时制存在认识误区，认为综合工作制是万能的，只要审批了综合工时制度，用人单位就可以任意安排加班，不必支付加班费。实际上，用人单位并不能利用这种“弹性工时制”免除支付加班费的义务。对于实行综合工时制的岗位，用人单位应当采取增加轮班班次和人员等措施，保障劳动者休息休假的权利。

82. 劳动者辞职后可否主张加班费？

情景再现

某甲自2015年起在A公司担任资料员，主要负责工程资料报送、归档等工作。由于工作繁杂，他从加入A公司后就经常加班，不仅工作日经常加班到深夜，许多双休日和法定节假日也得不到休息。2017年5月，某甲不堪巨大的工作压力，向公司提出了辞职，公司也同意了某甲的辞职申请。在辞职后，某甲统计了自进入A公司到辞职期间总共加班时间1200小时，而公司从未支付过加班费，于是决定向公司索赔10万元的加班费，遂向当地劳动争议仲裁委员会提起仲裁申请。

法律分析

加班费是劳动者按照用人单位生产和工作的需要，在规定工作时间之外继续生产劳动或者工作所应获得的劳动报酬。劳动者加班，延长了工作时间，增加了额外的劳动量，应当得到合理的报酬。因此，我国劳动法及相关法律规定明确要求用人单位在延长劳动者工作时间的情况下应当支付劳动者高于正常工作时间工资的劳动报酬，即加班费。而获取加班费对于劳动者而言，是他们应得的权利，并不因劳动者离职而消灭。劳动者离职后仍然有权向原用人单位主张其应得的加班费。

83. 用人单位能否随意规定加班工资基数？

情景再现

某甲于2013年7月1日入职A公司，从事杂工，双方订立了期限为2年的劳动合同，约定某甲的月工资标准为3000元，同时约定加班工资基数以北京市最低工资标准计算。工作期间，某甲每周休息日加班一天，A公司均按照北京市最低工资标准向其支付加班工资。离职后，某甲提出仲裁申请，要求公司支付休息日加班工资差额。

法律分析

根据法律规定，用人单位应当依法支付加班工资，不得截留。上述案例中，根据《北京市工资支付规定》第44条规定，根据该规定第14条计算加班工资的日或者小时工资基数、根据第19条支付劳动者休假期间工资，以及根据第23条第1款支付劳动者产假、计划生育手术假期间工资，应当按照下列原则确定：（1）按照劳动合同约定的劳动者本人工资标准确定；（2）劳动合同没有约定的，按照集体合同约定的加班工资基数以及休假期间工资标准确定；（3）劳动合同、集体合同均未约定的，按照劳动者本人正常劳动应得的工资确定。依照前述规定确定的加班工资基数以及各种假期工资不得低于北京市规定的最低工资标准。从上述规定来看，加班工资的基数应当顺序按照劳动合同中约定的劳动者本人工资标准、集体合同约定的加班工资基数及本人正常劳动应得的工资来确定。

因此，A公司与某甲在劳动合同中按照最低工资标准支付加班工资的约定，不符合法律及北京市关于工资支付的相关规定，该公司应以某甲的月工资 3000 元为基数向某甲支付加班工资差额。在我国的其他地区，同样有当地的工资支付规定，可以依照执行。

84. 在法定工作时间以外安排工作的，应如何补偿劳动者？

用人单位在劳动者完成劳动定额或者规定的工作任务后，根据实际需要安排劳动者在法定标准工作时间以外工作的，按照国家规定应当支付劳动者额外工资，作为对于劳动者延长工作时间的补偿。

根据《劳动法》《工资支付暂行规定》等法律法规的规定，劳动者在法定标准工作时间以外工作的，用人单位应当按照以下标准支付工资：（1）用人单位依法安排劳动者在日法定标准工作时间以外延长工作时间的，按照不低于劳动合同规定的劳动者本人小时工资标准的 150% 支付劳动者工资；（2）用人单位依法安排劳动者在休息日工作，而又不能安排补休的，按照不低于劳动合同规定的劳动者本人日或小时工资标准的 200% 支付劳动者工资；（3）用人单位依法安排劳动者在法定休假节日工作的，按照不低于劳动合同规定的劳动者本人日或小时工资标准的 300% 支付劳动者工资。

对于不是采用标准工时制的工作岗位，这些工作岗位中的劳动者延长工作时间的，同样可以获得工资补偿。具体标准如下:（1）实行计件工资的劳动者，在完成计件定额任务后，由用人单位安排延长工作时间的，应根据上述针对标准工时制的劳动者的规定的原则，分别按照不低于其本人法定工作时间计件单价的150%、200%、300%支付其工资;（2）经劳动行政部门批准实行综合计算工时工作制的，其综合计算工作时间超过法定标准工作时间的部分，应视为延长工作时间，并按照上述针对标准工时制的劳动者的规定支付劳动者延长工作时间的工资;（3）实行不定时工时制度的劳动者，因其工作时间不参照标准工作时间确定，不执行上述工资补偿的规定。

85. 享受带薪年假的条件是什么?

情景再现

某甲于2017年7月进入A公司从事产品开发工作，工作6个月后辞职，辞职3个月后又重新到B公司工作。在B公司工作8个月后，某甲向公司申请年休假，但申请被公司人事部门驳回，理由是某甲未连续工作满1年。

某甲对此不理解，认为自己在A公司工作了6个月，又在B公司工作了8个月，累计工作时间已经满1年，符合休年休假的条件，公司的理由不能成立。

法律分析

带薪年休假制度，是《劳动法》维护劳动者休息休假权利制定的一项重要制度。但是，劳动者享受带薪年休假是有一定条件的，这个条件主要是对工作年限的要求。根据《劳动法》第45条第2款的规定，劳动者连续工作1年以上的，可以享受带薪年休假。根据《职工带薪年休假条例》《企业职工带薪年休假实施办法》及其他相关法律、法规的规定，劳动者连续工作满1年，既包括劳动者在同一用人单位连续工作满1年的情形，也包括劳动者在不同用人单位连续工作满1年的情形；"连续"则是要求劳动者在同一用人单位或者不同用人单位之间的工作时间不得间断超过一个月以上，如果超过的，劳动者的连续工作时间就要重新计算。只要劳动者连续工作满1年了，就可以享受年休假。

而劳动者可以享受年休假的天数，也和劳动者的工作年限有关。根据《职工带薪年休假条例》规定，劳动者累计工作已满1年不满10年的，年休假5天；已满10年不满20年的，年休假10天；已满20年的，年休假15天。应当注意的是，如果劳动者先后在多家用人单位工作，他在这些用人单位的工作时间需要累计计算。此外，还包括依照法律、行政法规或者国务院规定视同工作期间的，如在部队入伍的军龄、国家安排的下乡知青在农村的时间、在职研究生和博士生，也就是参军、下乡、学习的时间也应作为工作时间计算。但是，劳动者从一家单位离职后，到另一家单位再就业前的失业期间，不计入其中。

此外，如果劳动者与用人单位签订的劳动合同或集体合同中约定的或者用人单位规章制度规定的年休假天数高于法定标准的，用人单位应当按照有关约定或者规定执行。

86. 哪些情况下，劳动者无法享受年休假？

情景再现

某甲是A高校的行政管理人员，已在该单位工作满1年。一日，他向单位提出休年假申请，希望在10月休假3天，但是被单位拒绝，理由是其作为高校员工，每年已享受了长达3个月的寒暑假，不得享受年休假。某甲对此不解，认为寒暑假是学校安排放的假，而年休假是国家法律规定的权利，两者不冲突，在已享受寒暑假的情况下，他仍可以申请休年假。

法律分析

根据现有的法律规定，劳动者并非只要连续工作满1年就可以无条件地享受带薪年休假。根据《职工带薪年休假条例》

第4条的规定，在下列5种情况下，劳动者无法享受当年的年休假：（1）劳动者依法享受寒暑假，如学校的教职工，当他们寒暑假的休假天数多于法定的年休假天数时，不再享受当年的年休假。（2）劳动者同一年内请事假累计超过了20天，且用人单位在劳动者请事假期间按照规定并没有扣工资的，劳动者也不能再享受年休假。但是，如果在劳动者事假期间，用人单位并未发放相应天数工资的，劳动者还是可以享受年休假的。（3）劳动者累计工作满1年不满10年，如果请病假累计达到了2个月以上的，劳动者不能再休年休假。（4）劳动者累计工作满10年不满20年的，请病假累计超过3个月的，劳动者不再享受年休假。（5）劳动者累计工作已经满20年了，但请病假累计4个月以上的，不再享受年休假。

87. 劳动者未依法享受年休假，用人单位应当进行补偿吗？

情景再现

某甲是A公司的法务总监，已在A公司工作了11年。在2017年8月，某甲向公司申请休年休假5天，公司予以批准。2017年11月，某甲再次向公司申请休年休假5天，但公司以某甲已在8月休过年休假为由，拒绝了某甲的休假申请。某甲接受了公司的决定。但是他认为，公司应当对他进行补偿。那么，劳动者未依法享受年休假，或者享受年休假的天数不足的，用人单位是否需要对他进行补偿呢？

法律分析

根据《职工带薪年休假条例》《企业职工带薪年休假实施办法》等规定，用人单位因工作需要不能安排职工年休假或者跨1个年度安排年休假的，应当征得劳动者同意。在征得劳动者同意的情况下，如果用人单位不安排年休假或者安排劳动者休假的天数少于应休年假天数的，应当在本年度内对劳动者应休而未休的年休假天数，按照其日工资收入的300%支付未休年休假的工资报酬，其中包含了用人单位支付劳动者正常工作期间的工资收入。如果劳动者与用人单位签订的劳动合同或集体合同中约定的或者用人单位规章制度规定的未休年休假工资报酬高于法定标准的，用人单位应当按照有关约定或者规定执行。但是，当用人单位安排劳动者休年休假，劳动者因本人原因书面提出不休年休假的，用人单位可以只支付其正常工作期间的工资收入。

如果用人单位不安排劳动者休年休假又不按照上面的要求支付未休年休假的工资报酬，县级以上地方人民政府劳动行政部门应当依照职权责令用人单位限期改正。如果用人单位逾期不改正，除县级以上地方人民政府劳动行政部门应继续责令用人单位支付未休年休假报酬外，用人单位还应当按照未休年休假工资报酬的数额向劳动者加付赔偿金。如果用人单位仍拒付未休年休假工资报酬以及赔偿金的，劳动行政部门还可以申请人民法院强制执行。

88. 劳动者入职新公司的当年可以休年假吗？

情景再现

某甲于2014年6月1日入职某物业公司，从事电工工作，双方订立了为期2年的劳动合同，约定某甲的月工资为5000元。劳动合同到期时，某甲选择不与物业公司续订劳动合同。离职结算时，某甲提出工作期间未休带薪年休假，故要求公司支付相应的补偿。物业公司同意向某甲支付相应的补偿，但只同意向某甲支付入职满一年后的未休年休假的工资报酬。某甲则认为，其入职物业公司之前，累计工作年限已达10年以上，其每年应享有10天带薪年休假，且在入职当年就应享有相应的年休假。因双方发生争议，某甲向某区仲裁委提出仲裁申请，要求物业公司支付全部工作期间的未休年休假工资报酬。

仲裁委审理后认为，某甲在2014年1月至5月在前一用人单位工作时未休年休假，其入职物业公司之前已经具有10年以上的累计工作年限，故某甲入职物业公司的当年即可享受年休假，无须在物业公司工作满一年后才享受年休假。后仲裁委裁决物业公司向某甲支付在物业公司全部工作期间的带薪年休假工资报酬，并对该案实行了一裁终局。

法律分析

实践中，一些用人单位将员工休年休假的条件设定为必须在本单位连续工作满1年。《企业职工带薪年休假实施办法》第3条规定，职工连续工作满12个月以上的，享受带薪年休假；第5条规定，职工新进用人单位且符合该办法第3条规定的，当年度年休假天数，按照在本单位剩余日历天数折算确定，折算后不足1整天的部分不享受年休假。前述规定的折算方法为：（当年度在本单位剩余日历天数 ÷365天）× 职工本人全年应当享受的年休假天数。从上述规定来看，只要劳动者在新入职之前已经连续工作满12个月以上，即可在新用人单位享有当年度的带薪年休假，而无须在新单位再次工作满12个月后才能享有，新用人单位不得以此为由限制或剥夺劳动者的休假权利。

89. 用人单位是否有义务通知事假期满的劳动者返岗？

情景再现

某甲在A公司从事操作工作。该公司通过民主程序制定了

《请销假管理办法》。其中规定，员工事假假期最长时间不得超过30天，因情况特殊，确需超过30天，需自行向人力资源科报告，并经主要领导批准后执行；休假人员必须按照请假单审批期限休假，到期后及时返回销假，不销假或未经续假审批的按旷工处理；职工连续旷工满15天，解除劳动合同。某甲于2016年3月20日开始请事假，事假期限至2016年4月12日。事假结束后，某甲未到公司上班，也未履行继续请事假的手续。该公司于2016年4月14日通过快递向某甲寄送关于返岗工作的通知。但因该公司在邮寄通知时将某甲的电话号码填写错误，导致某甲未收到返岗通知。之后某甲仍然未上班或提出续假。2016年5月5日，该公司在征询工会同意后，于次日出具《关于解除某甲劳动关系的通知》。该通知载明："2016年3月，某甲请事假离开项目部，至今未回项目部销假，构成旷工。单位已通过特快专递的形式通知其上班，其逾期不到岗。根据《劳动合同法》及相关规章制度，经研究，并征得工会同意，决定解除与某甲签订的劳动合同。劳动关系即行终止。"某甲于2016年5月10日收到解除通知，认为公司未通知其返岗上班而直接以旷工为由解除劳动合同系违法行为，公司应支付违法解除劳动合同的赔偿金，遂提起仲裁申请。

法律分析

根据《劳动合同法》规定，用人单位经过民主程序制定的、内容合法的规章制度，可以作为管理劳动关系和处理劳动争议的依据。该公司依法制定的《请销假管理办法》规定了事假期满应当及时返回销假，不销假或未经续假审批的按旷工处理，且职工连续旷工满15天的，解除劳动合同。劳动者应当遵守劳动纪律，尽到忠实勤勉义务，尤其是在单位已有明确制度的情况下，在事假期满后应主动返岗工作或者办理续假手续，而不应将返岗工作的通知义务推给用人单位。本案中，尽管用人单位的返岗通知因电话号码填写错误而导致信件未送达，但是用人单位并无法律义务通知劳动者于事假期满后返岗上班。因某甲旷工已成事实，且公司在解除劳动合同时也履行了通知工会及向某甲送达的义务，因此，该公司解除劳动合同的行为在程序上与实体上都未违反法律规定，某甲要求A公司支付违法解除劳动合同赔偿金的请求不应得到支持。

90. 劳动者患病或非因工负伤，如何计算医疗期？

情景再现

某甲已在A公司工作了4年。2017年3月，某甲因患病向公司请病假，停止了工作。某甲在3月病休了一整月，4月回公司上班，5月又病休了一整月，6月、7月回到公司工作，但8

月病情复发，当他向公司请假时，公司告知他已经超过了3个月的医疗期，无法再请病假，只能休一般事假。某甲不认可公司的说法，认为自己的医疗期应按照6个月内的累计病休时间计算，8月自己仍可以休一个月的病假。

法律分析

医疗期是指劳动者因患病或非因工负伤停止工作治病休息，而用人单位不得解除劳动合同的时限。医疗期包含了劳动者治病的时限以及合理的休息时限。根据《企业职工患病或非因工负伤医疗期规定》，医疗期依据劳动者实际参加工作年限和在本单位工作年限，在3个月到24个月之间综合确定：（1）实际工作年限10年以下的，在本单位工作年限5年以下的，医疗期为3个月；在本单位工作年限5年以上的为6个月。（2）实际工作年限10年以上的，在本单位工作年限5年以下的，医疗期为6个月；在本单位工作年限5年以上10年以下的为9个月；在本单位工作年限10年以上15年以下的为12个月；在本单位工作年限15年以上20年以下的为18个月；在本单位工作年限20年以上的为24个月。

同时，医疗期3个月的按6个月内累计病休时间计算；6个月的按12个月内累计病休时间计算；9个月的按15个月内累计病休时间计算；12个月的按18个月内累计病休时间计算；18个月的按24个月内累计病休时间计算；24个月的按30个月内累计病休时间计算。对于这一点，依照《劳动部关于贯彻〈企业职工患病或非因工负伤医疗期规定〉的通知》，医疗期计算应从病休第一天开始，累计计算。例如，应享受3个月医疗期的职工，如果从2017年3月1日起第一次病休，那么，该职工的医疗期应在3月1日至9月1日之间确定，在此期间累计病休3个月即视为医疗期满。比如，3月住院休息30天，6月住院休息30天，8月住院休息30天，则可以认为3个月的医疗期满。以此类推。

91. 劳动者非因工致残或被认为患有难以治疗的疾病，应如何处理？

情景再现

某甲是A公司的一名职工，主要负责精密仪器组装工作，已在A公司工作了3年。2017年8月，某甲突发疾病且一直难以治愈，在休病假两个月后回到单位请求继续工作。然而，某甲因患病视力严重下降，无法再从事精密仪器组装工作，A公司认为某甲无法胜任工作，在额外支付了某甲一个月工资的情况下通知某甲解除劳动合同。

某甲认为A公司在他患有难以治疗的疾病的情况下，无权单方面与其解除劳动合同，遂向当地劳动争议仲裁委员会提起仲裁，要求A公司继续与其履行劳动合同。

法律分析

根据《企业职工患病或非因工负伤医疗期规定》第6条的规定，劳动者非因工致残和经医生或医疗机构认定患有难以治疗的疾病，在医疗期内医疗终结，不能从事原工作，也不能从事用人单位另行安排的工作的，应当由劳动鉴定委员会参照工伤与职业病致残程度鉴定标准进行劳动能力的鉴定。被鉴定为一至四级的，应当退出劳动岗位，终止劳动关系，办理退休、退职手续，享受退休、退职待遇；被鉴定为五至十级的，医疗期内不得解除劳动合同。而如果医疗期满，应当由劳动鉴定委员会参照工伤与职业病致残程度鉴定标准进行劳动能力的鉴定。被鉴定为一至四级的，应当退出劳动岗位，解除劳动关系，并办理退休、退职手续，享受退休、退职待遇；被鉴定为五至十级的，用人单位可依法解除劳动合同，劳动者享受经济补偿金。同时，根据《劳动合同法》第40条第1项的规定，劳动者患病或者非因工负伤的，只有劳动者在规定的医疗期满后不能从事原工作，也不能从事由用人单位另行安排的工作的情况下，用人单位才有权提前30日以书面形式通知劳动者本人或者额外支付劳动者一个月工资后，与劳动者解除劳动合同。

因此，在上述案例中，某甲虽被认定患有难以治疗的疾病，也无法继续从事原工作，但用人单位应当为某甲安排其他可能适合的工作，在某甲无法胜任其他工作的情况下，应当由劳动鉴定委员会进行鉴定，根据鉴定结果作出相应的处理。

第五章

CHAPTER 5

劳动安全卫生保障

92. 用人单位在劳动安全卫生方面有哪些责任？

根据《劳动法》的规定，用人单位必须建立、健全劳动安全卫生制度，严格执行国家劳动安全卫生规程和标准，对劳动者进行劳动安全卫生教育，防止劳动过程中的事故，减少职业危害。具体而言，用人单位在劳动安全卫生方面，有以下责任：（1）建设、配置劳动安全卫生设施；（2）为劳动者提供符合国家规定的劳动安全卫生条件和必要的劳动防护用品，对从事有职业危害作业的劳动者应当定期进行健康检查；（3）对从事特种作业的劳动者进行专门培训；（4）要求劳动者在劳动过程中必须严格遵守安全操作规程，不得要求劳动者违章指挥、强令冒险作业；（5）对劳动者在劳动过程中发生的伤亡事故和劳动者的职业病状况，进行统计、报告。

93. 劳动卫生安全设施包括哪些类型？

劳动安全卫生设施，是指用人单位为防止伤亡事故和职业病的发生，消除职业危害因素的设备、装置、防护用具等设防技术措施的总称。劳动卫生安全设施大致可以分为如下 4 类：

（1）劳动安全设施，是指防止伤亡事故的技术设施，如用于隔离人体与生产中危险部分的防护装置、安全阀等能自动消除生产中由于设备事故和部件损害而引起人身事故危险的装置，压力表等用信号警告、预防危险的装置，机器设备维修保养设备等。

（2）劳动卫生设施，是指防止或减少职业危害的各种设施，主要有通风、照明设施，防尘、防毒设施，防辐射、防暑降温、防冻取暖设施，防潮设施，防噪声、防震动设施，消毒设施等。

（3）个人防护设施，是指保护劳动者安全健康的一种预防性辅助设施，主要包括9类，分别是安全帽类、呼吸护具类、眼防护类、听力护具、防护鞋、防护手套、防护服、防坠落护具和护肤用品。

（4）生产辅助设施，是指为生产服务的其他辅助类设施，主要有：①为劳动者设置的饮水设施；②为从事高温作业或接触粉尘、有害化学物质或毒物作业人员设置的淋浴设施或盥洗设备；③更衣室，存衣箱，工作服洗涤、干燥、消毒设备；④女工卫生室及洗涤设备；⑤食物加热设备；⑥为从事高温作业等工种工人修建的倒班休息室等。

94. 从事特种作业的劳动者应当符合什么条件？

特种作业，是指容易发生事故，对操作者本人、他人的安全健康及设备、设施的安全可能造成重大危害的作业。根据我国现有特种作业目录的规定，特种作业主要包括电工作业、焊接与热切割作业、高处作业、制冷与空调作业、煤矿安全作业、金属非金属矿山安全作业、石油天然气安全作业、冶金（有色）生产安全作业、危险化学品安全作业、烟花爆竹安全作业、工地升降货梯升降作业以及国家有关部门认定的其他作业。

基于特种作业的潜在危险性和对职业技能的特殊要求，根据《劳动法》《安全生产法》等法律规定，特种作业人员必须接受与本工种相适应的、专门的安全技术培训，经安全技术理论考核和实际操作技能考核合格，取得特种作业操作证后，方可上岗作业；未经培训，或培训考核不合格者，不得上岗作业。而根据《特种作业人员安全技术培训考核管理规定》第 4 条规定，从事特种作业的劳动者必须符合下列条件：（1）年满 18 周岁，且不超过国家法定退休年龄；（2）经社区或者县级以上医疗机构体检健康合格，并无妨碍从事相应特种作业的器质性心脏病、癫痫病、美尼尔氏症、眩晕症、癔病、震颤麻痹症、精神病、痴呆症以及其他疾病和生理缺陷；（3）具有初中及以上文化程度；（4）具备必要的安全技术知识与技能；（5）相应特种作业规定的其他条件。危险化学品特种作业人员除符合前述第 1 项、第 2 项、第 4 项、第 5 项规定的条件外，还应当具备高中或者相当于高中及以上文化程度。

95. 用人单位是否应承担劳动者职业病危害防护责任?

情景再现

某甲于2013年12月入职某煤矿公司从事井下爆破工作，双方未签订劳动合同。2014年1月，某煤矿公司通过民主程序制定了《考勤管理办法》等规章制度并进行了公示，某甲亦学习了该规章制度。《考勤管理办法》规定：劳动者旷工15日，用人单位可以解除劳动关系。某甲入职时及入职后，某煤矿公司从未组织过职工职业健康检查。2016年6月，某甲感觉身体不适，肺部疼痛，告知领班队长后，入住某医院检查，诊断为疑似矽肺病，住院治疗至2016年9月。2016年9月，某煤矿公司以某甲旷工时间长达3个月，严重违反单位规章制度为由，依据《劳动合同法》第39条第1款第2项和《考勤管理办法》的规定，作出解除与某甲劳动关系的决定。2016年10月，某甲被诊断为矽肺病三期。

2016年11月，某甲向劳动争议仲裁委员会申请仲裁，请求裁决确认某煤矿公司解除与某甲的劳动关系违法。

法律分析

《劳动法》第54条规定："用人单位必须为劳动者提供符合国

家规定的劳动安全卫生条件和必要的劳动防护用品，对从事有职业危害作业的劳动者应当定期进行健康检查。”《职业病防治法》第35条规定，“对从事接触职业病危害的作业的劳动者，用人单位应当按照国务院安全生产监督管理部门、卫生行政部门的规定组织上岗前、在岗期间和离岗时的职业健康检查，并将检查结果书面告知劳动者……用人单位不得安排未经上岗前职业健康检查的劳动者从事接触职业病危害的作业；不得安排有职业禁忌的劳动者从事其所禁忌的作业；对在职业健康检查中发现有与所从事的职业相关的健康损害的劳动者，应当调离原工作岗位，并妥善安置；对未进行离岗前职业健康检查的劳动者不得解除或者终止与其订立的劳动合同”。《劳动合同法》第42条第1项规定：从事接触职业病危害作业的劳动者未进行离岗前职业健康检查，或者疑似职业病病人在诊断或者医学观察期间的，用人单位不得解除劳动合同。

本案中，某煤矿公司不履行组织职工职业健康检查的义务，且在职工被诊断为疑似矽肺病及治疗期间作出解除劳动关系的决定，属于违法解除。某煤矿公司应承担对某甲的职业病防护责任，违法单方解除与某甲的劳动合同应承担赔偿责任。

96. 残疾人就业服务包括哪些？

根据《残疾人就业条例》第2条的规定，国家对残疾人就业实行集中就业与分散就业相结合的方针，促进残疾人就业。国家鼓励社会组织和个人通过多种渠道、多种形式，帮助、支持残疾人就业，鼓励残疾人通过应聘等多种形式就业。禁止在就业中歧视残疾人，残疾人应当提高自身素质，增强就业能力。根据该条例的规定，国家为残疾人提供的就业服务主要包括以下方面：

（1）县级以上人民政府应当采取措施，拓宽残疾人就业渠道，开发适合残疾人就业的公益性岗位，保障残疾人就业。县级以上地方人民政府发展社区服务事业，应当优先考虑残疾人就业。

（2）县级以上地方人民政府及其有关部门应当确定适合残疾人生产、经营的产品、项目，优先安排集中使用残疾人的用人单位生产或者经营，并根据集中使用残疾人的用人单位的生产特点确定某些产品由其专产。政府采购，在同等条件下，应当优先购买集中使用残疾人的用人单位的产品或者服务。

（3）国家鼓励扶持残疾人自主择业、自主创业。对残疾人从事个体经营的，应当依法给予税收优惠，有关部门应当在经营场地等方面给予照顾，并按照规定免收管理类、登记类和证照类的行政事业性收费。国家对自主择业、自主创业的残疾人在一定期限内给予小额信贷等扶持。地方各级人民政府应当多方面筹集资金，组织和扶持农村残疾人从事种植业、养殖业、手工业和其他形式的生产劳动。有关部门对从事农业生产劳动的农村残疾人，应当在生产服务、技术指导、农用物资供应、农副产品收购和信贷等方面给予帮助。

（4）中国残疾人联合会及其地方组织所属的残疾人就业服务机构应当免费为残疾人就业提供下列服务：①发布残疾人就业信息；②组织开展残疾人职业培训；③为残疾人提供职业心理咨询、职业适应评估、职业康复训练、求职定向指导、职业介绍等服务；④为残疾人自主择业提供必要的帮助；⑤为用人单位安排残疾人就业提供必要的支持。国家鼓励其他就业服务机构为残疾人就业提供免费服务。

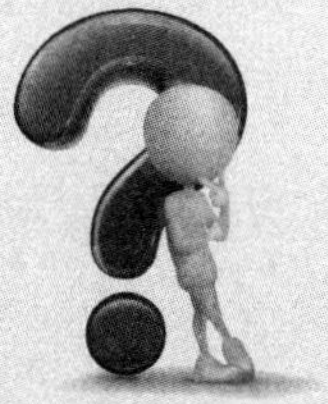

第六章

CHAPTER 6

女职工与未成年工特殊保护

97. 对于女职工和未成年人实行特殊保护有法律依据吗？

《劳动法》第58条第1款明确规定了“国家对女职工和未成年工实行特殊劳动保护”。与此同时，《劳动法》设置专章规定了对女职工和未成年工的特殊保护措施。其中，女职工的特殊保护主要是原则性地明确了女职工禁止劳动的范围、女职工经期的保护、女职工孕期的保护、女职工产期的保护以及女职工哺乳期的保护；未成年工的特殊保护则主要是原则性地明确了未成年工禁忌劳动的范围和未成年工应定期进行健康体检。

除《劳动法》外，国家还专门出台了《禁止使用童工规定》《女职工劳动保护特别规定》《未成年工特殊保护规定》，明确了对女职工和未成年人劳动特殊保护的具体内容。《禁止使用童工规定》明确禁止用人单位招用不满16周岁的未成年人，禁止任何单位或个人为不满16周岁的未成年人介绍工作，禁止不满16周岁的未成年人开业从事个体经营活动，并明确了劳动行政部门、用人单位、未成年人的监护人等的责任以及违反相关法律规定的罚则。《女职工劳动保护特别规定》是对《劳动法》关于女职工特殊保护规定的细化，明确了用人单位应当加强女职工劳动保护，采取措施改善女职工劳动安全卫生条件，对女职工进行劳动安全卫生知识培训等内容，细化了女职工禁止从事的劳动范围等内容。《未成年工特殊保护规定》明确了未成年工的特殊保护是针对未成年工处于生长发育期的特点，以及接受义务教育的需要，采取的特殊劳动保护措施，明确了未成年工禁忌从事的劳动范围，确立了对未成年工的使用和特殊保护实行登记保护制度。

98. 用人单位能与未成年人建立劳动关系吗?

我国法律并未一律禁止用人单位与未成年人建立劳动关系，而是区分未成年人的年龄段作出了不同的规定。

（1）针对不满16周岁的未成年人，我国法律明确禁止用人单位与其建立劳动关系。同时禁止任何单位或个人为不满16周岁的未成年人介绍就业，禁止不满16周岁的未成年人开业从事个体经营活动。但也存在例外情况，文艺、体育单位经未成年人的父母或者其他监护人同意，可以招用不满16周岁的专业文艺工作者、运动员。

为实现上述要求，《禁止使用童工规定》等规定了不满16周岁的未成年人的父母或其他监护人有义务保障其不被用人单位非法招用，用人单位在招用人员时也须核查被招用人员的身份证，县级以上各级人民政府劳动行政部门、公安、工商行政管理、教育、卫生等行政部门以及工会、共青团、妇联等群众组织负有相关义务。凡用人单位使用童工的，由劳动保障行政部门按照每使用一名童工每月处5000元罚款的标准给予处罚；在使用有毒物品的作业场所使用童工的，从重处罚；用人单位在规定期限内仍不改正的，将按照每使用一名童工每月处1万元罚款的标准给予处罚，并吊销营业执照或撤销民办非企业单位登记。单位或个人为不满16周岁的未成年人介绍就业的，按照每介绍一人处5000元罚款的标准给予处罚。拐骗童工，强迫童工劳动，使用童工从事高空、井下、放射性、高毒、易燃易爆以及国家规定的第四级体力劳动强度的劳动，使用不满14周岁的童工，或造成童工死亡或严重伤残的，依法追究刑事责任。劳动保障部门、公安机关、工商行政管理部门等国家行政机关工作人员玩忽职守、滥用职权，构成犯罪的，也将依法追究其刑事责任。

（2）针对年满16周岁、未满18周岁的未成年人，国家有条件的允许用人单位与其建立劳动关系。对于这部分未成年工，国家予以特殊保护。一方面，确定了未成年工禁忌劳动的范围，明确了未成年工不得从事矿山井下、有毒有害、国家规定的第四级体力劳动强度的劳动和其他禁忌从事的劳动。另一方面，用人单位应定期为未成年工提供健康体检。用人单位对未成年工的使用和特殊保护实行登记保护制度。

99. 如何保护妇女平等劳动权？

《劳动法》规定，劳动者享有平等就业和选择职业的权利，这是《劳动法》规定的劳动者的根本权利之一。与此同时，《劳动法》第13条明确规定："妇女享有与男子平等的就业权利。在录用职工时，除国家规定的不适合妇女的工种或者岗位外，不得以性别为由拒绝录用妇女或者提高对妇女的录用标准。"

对妇女平等劳动权的法律保护主要规定在《妇女权益保障法》中。根据《妇女权益保障法》第4章的规定，妇女平等劳动权的保护，主要包括以下几方面：

（1）各单位在录用职工时，除不适合妇女的工种或者岗位外，不得以性别为由拒绝录用妇女或者提高对妇女的录用标准。禁止用人单位录用未满16周岁的女性未成年人。

（2）各单位在录用女职工时，应当依法与其签订劳动（聘用）合同或者服务协议，劳动（聘用）合同或者服务协议中不得规定限制女职工结婚、生育的内容。

（3）实行男女同工同酬。妇女在享受福利待遇方面享有与男子平等的权利。

（4）在晋职、晋级、评定专业技术职务等方面，应当坚持男女平等的原则，不得歧视妇女。

（5）任何单位均应根据妇女的特点，依法保护妇女在工作和劳动时的安全和健康，不得安排不适合妇女从事的工作和劳动。妇女在经期、孕期、产期、哺乳期受特殊保护。

（6）任何单位不得因结婚、怀孕、产假、哺乳等情形，降低女职工的工资，辞退女职工，单方解除劳动（聘用）合同或者服务协议。但是，女职工要求终止劳动（聘用）合同或者服务协议的除外。各单位在执行国家退休制度时，不得以性别为由歧视妇女。

100. 女职工有哪些劳动禁忌？

我国法律基于女性劳动者的自身生理等原因，规定了女性劳动者不得从事某些工种或岗位，这并不是法律对女性劳动者的歧视，而是对她们的一种特殊保护。根据《劳动法》第 59 条至第 61 条和第 63 条的规定，女职工的劳动禁忌包括以下几个方面：（1）禁止安排女职工从事矿山井下、国家规定的第四级体力劳动强度的劳动和其他禁忌从事的劳动；（2）不得安排女职工在经期从事高处、低温、冷水作业和国家规定的第三级体力劳动强度的劳动；（3）不得安排女职工在怀孕期间从事国家规定的第三级体力劳动强度的劳动和孕期禁忌从事的劳动；（4）对怀孕 7 个月以上的女职工，不得安排其延长工作时间和夜班劳动;（5）不得安排女职工在哺乳未满一周岁的婴儿期间从事国家规定的第三级体力劳动强度的劳动和哺乳期禁忌从事的其他劳动，不得安排其延长工作时间和夜班劳动。

在此基础上,《女职工劳动保护特别规定》详细规定了女职工禁忌从事的劳动范围：

（1）女职工禁忌从事的劳动范围：①矿山井下作业；②体力劳动强度分级标准中规定的第四级体力劳动强度的作业；③每小时负重6次以上、每次负重超过20公斤的作业，或者间断负重、每次负重超过25公斤的作业。

（2）女职工在经期禁忌从事的劳动范围：①冷水作业分级标准中规定的第二级、第三级、第四级冷水作业；②低温作业分级标准中规定的第二级、第三级、第四级低温作业；③体力劳动强度分级标准中规定的第三级、第四级体力劳动强度的作业；④高处作业分级标准中规定的第三级、第四级高处作业。

（3）女职工在孕期禁忌从事的劳动范围：①作业场所空气中铅及其化合物、汞及其化合物、苯、镉、铍、砷、氰化物、氮氧化物、一氧化碳、二硫化碳、氯、己内酰胺、氯丁二烯、氯乙烯、环氧乙烷、苯胺、甲醛等有毒物质浓度超过国家职业卫生标准的作业；②从事抗癌药物、己烯雌酚生产，接触麻醉剂气体等的作业；③非密封源放射性物质的操作，核事故与放射事故的应急处置；④高处作业分级标准中规定的高处作业；⑤冷水作业分级标准中规定的冷水作业；⑥低温作业分级标准中规定的低温作业；⑦高温作业分级标准中规定的第三级、第四级的作业；⑧噪声作业分级标准中规定的第三级、第四级的作业；⑨体力劳动强度分级标准中规定的第三级、第四级体力劳动强度的作业；⑩在密闭空间、高压室作业或者潜水作业，伴有强烈振动的作业，或者需要频繁弯腰、攀高、下蹲的作业。

（4）女职工在哺乳期禁忌从事的劳动范围：①孕期禁忌从事的劳动范围的第1项、第3项、第9项；②作业场所空气中锰、氟、溴、甲醇、有机磷化合物、有机氯化合物等有毒物质浓度超过国家职业卫生标准的作业。

101. 产假有多长？

《女职工劳动保护特别规定》第7条规定，女职工生育享受98天产假，其中产前可以休假15天；难产的，增加产假15天；生育多胞胎的，每多生育1个婴儿，增加产假15天。女职工怀孕未满4个月流产的，享受15天产假；怀孕满4个月流产的，享受42天产假。

该规定第8条还规定了女职工的津贴及费用问题，女职工产假期间的生育津贴，对已经参加生育保险的，按照用人单位上年度职工月平均工资的标准由生育保险基金支付；对未参加生育保险的，按照女职工产假前工资的标准由用人单位支付。女职工生育或者流产的医疗费用，按照生育保险规定的项目和标准，已经参加生育保险的，由生育保险基金支付；未参加生育保险的，由用人单位支付。

按国家规定正常生产的女职工有权利享受产假、哺乳假，应视为正常出勤，任何单位和个人不得克扣其工资、福利、补贴以及考勤奖金，不影响晋级、调工资，并计算其工龄，反之则违反国家劳动法，侵害了女职工的合法权益，可到相关部门举报并申请劳动仲裁。

102. 哺乳期的女职工应受哪些特殊照顾？

我国法律对哺乳期的女职工的特殊保护体现在以下三个方面：

（1）哺乳期女员工劳动合同的保护。根据《妇女权益保障法》第27条的规定，用人单位不得因女职工处在哺乳期，降低女职工的工资，辞退女职工，单方解除劳动（聘用）合同或者服务协议。《劳动法》《劳动合同法》的规定则更为明确，根据《劳动合同法》第39条至第42条的规定，当女职工在哺乳期，除非女职工有下列情形之一：①被证明在试用期不符合录用条件的，严重违反用人单位的规章制度的；②严重失职、营私舞弊，给用人单位造成重大损害的；③与其他用人单位建立劳动关系，对完成本单位的工作任务造成严重影响，或者经用人单位提出，拒不改正的；④以欺诈、胁迫的手段或者乘人之危，使用人单位在违背真实意思的情况下订立劳动合同致使劳动合同无效的；⑤被依法追究刑事责任的，否则用人单位不能提前30日以书面形式通知该女职工本人或者额外支付其一个月工资后解除劳动合同，也不能对哺乳期女职工进行经济性裁员。但是，女职工自己要求终止劳动（聘用）合同或者服务协议的除外。

（2）哺乳期女职工工作时间的保护。根据《女职工劳动保护特别规定》第9条，对哺乳未满1周岁婴儿的女职工，用人单位不得延长劳动时间或者安排夜班劳动。用人单位应当在每天的劳动时间内为哺乳期女职工安排1小时哺乳时间；女职工生育多胞胎的，每多哺乳1个婴儿每天增加1小时哺乳时间。同时，女职工比较多的用人单位应当根据女职工的需要，建立女职工哺乳室等设施，妥善解决女职工在哺乳方面的困难。

（3）哺乳期女职工劳动范围的保护。女职工在哺乳期禁忌从事如下劳动范围：①作业场所空气中铅及其化合物、汞及其化合物、苯、镉、铍、砷、氰化物、氮氧化物、一氧化碳、二硫化碳、氯、己内酰胺、氯丁二烯、氯乙烯、环氧乙烷、苯胺、甲醛等有毒物质浓度超过国家职业卫生标准的作业；②非密封源放射性物质的操作，核事故与放射事故的应急处置；③体力劳动强度分级标准中规定的第三级、第四级体力劳动强度的作业；④作业场所空气中锰、氟、溴、甲醇、有机磷化合物、有机氯化合物等有毒物质浓度超过国家职业卫生标准的作业。

103. 女职工怀孕期间，用人单位能否以其无法正常履职为由降低工资？

情景再现

2012年9月12日，某甲与某科技公司签订劳动合同，约定某甲的岗位为实验室研究员，月工资为6400元。2014年4月1日，某甲的月工资调整为8200元。2014年7月，某甲怀孕。该科技公司认为某甲不能正常履行原劳动合同约定的工作职责，故对某甲工资进行相应扣减，从2014年8月开始，某甲每月只领取工资3000元。某甲认为虽然因其怀孕不宜再进入实验室工作，但她一直在实验室外的办公区工作，工作内容包括撰写实验报告、整理实验数据等，并非不正常履职，公司不能因此扣减她的工资。某甲向当地劳动仲裁委提起仲裁申请，要求科技公司支付拖欠的工资32000元。

法律分析

根据法律规定，女职工在怀孕期间，如果无法正常在原岗位上工作，用人单位应当为女职工安排其他符合其身体条件的工作岗位。但是，用人单位不能因其怀孕而扣减女职工的工资。根据《女职工劳动保护特别规定》第5条规定，用人单位不得因女职工怀孕、生育、哺乳降低其工资、予以辞退、与其解除劳动或者聘用合同。因此，本案中，某科技公司主张因为某甲从事的工作无法达到公司的要求，不能正常履职而对其工资进行扣减的行为违法。

104. 用人单位能否扣减女职工的生育津贴？

情景再现

某甲于2008年9月6日入职某汽车销售公司，担任销售员，其月工资构成为基本工资1800元+考核奖金，公司为某甲缴纳了生育保险费。某甲在2014年度的月平均工资为8108元。某甲在2015年2月16日至2015年6月31日休产假，社会保险经办机构核定的某甲的生育津贴金额为19533.80元，汽车销售公司领取了上述生育津贴，但其向某甲支付的生育津贴金额为13413.8元。在某甲产假期间，公司按照基本工资1800元的标准发放了工资。某甲认为公司侵吞了自己的生育津贴，向公司索要，公司不予理会。某甲于是向当地劳动争议仲裁委员会提起仲裁申请。

法律分析

《社会保险法》第56条规定，职工有下列情形之一的，可以按照国家规定享受生育津贴：（1）女职工生育享受产假；（2）享受计划生育手术休假；（3）法律、法规规定的其他情形。生育津贴按照职工所在用人单位上年度职工月平均工资计发。《女职工特别保护规定》第8条同时规定，女职工产假期间的生育津贴，对已经参加生育保险的，按照用人单位上年度职工月平均工资的标准由生育保险基金支付；对未参加生育保险的，按照女职工产假前工资的标准由用人单位支付。女职工生育或者流产的医疗费用，按照生育保险规定的项目和标准，对已经参加生育保险的，由生育保险基金支付；对未参加生育保险的，由用人单位支付。生育津贴作为女职工产假期间的工资，生育津贴低于本人工资标准的，差额部分由企业补足。

本案中，公司为某甲缴纳了生育保险，但其未按照社会保险经办机构核定的数额支付某甲生育津贴，实际上差额部分就是所谓的给某甲发放的产假期间的基本工资数额。被告公司的行为明显违反法律规定。因某甲产假前的本人工资标准高于生育津贴标准，按照规定，被告公司应当补足差额。另外，未给女职工缴纳生育保险费的，用人单位应当按照女职工产假前工资的标准向女职工支付工资。

105. 女职工在孕期、产期、哺乳期违反纪律的是否可以解除劳动合同?

《劳动合同法》第 42 条第 4 项规定，用人单位在女职工的孕期、产期、哺乳期内不得依照《劳动合同法》第 40 条、第 41 条的规定解除劳动合同。而《劳动合同法》第 39 条第 2 项规定，劳动者严重违反用人单位的规章制度的，用人单位可以解除劳动合同。由于第 39 条的情形并不包含在第 40 条、第 41 条的规定内，而《劳动合同法》第 42 条所规定的不能解除孕期、产期、哺乳期女职工的劳动合同的情形，仅限于不得按照第 40 条、第 41 条的规定解除劳动合同。因此，当女职工有《劳动合同法》第 39 条规定的严重违纪等情形的，单位在该女职工孕期、产期、哺乳期也可以解除劳动合同。

对于“孕期、产期、哺乳期”的女职工，考虑到其特殊的身体情况，法律已经从工作时间、劳动强度上作出了保护性规定。同时，从劳动者的角度，在享受法律给予的特殊保护时，劳动者也应自觉遵守和执行公司的考勤制度、管理制度等相关制度。否则，即使是“孕期、产期、哺乳期”的女职工，用人单位也可依据《劳动合同法》第 39 条的规定，解除双方劳动关系。

106. 女职工在怀孕、生产、哺乳期间劳动合同到期，应如何处理？

情景再现

某甲自2015年7月6日入职A公司，劳动合同约定合同期限为2015年7月6日至2018年7月6日。某甲工作后通过朋友介绍与某乙相识并结婚，并在2018年6月生下一个女儿。2018年7月6日，她与A公司的劳动合同到期，A公司决定不再续约，向某甲发出解除劳动合同的通知，某甲认为自己还在哺乳期，公司不能与她解除劳动合同。而A公司认为劳动合同期满，公司有权解除劳动合同。双方各执一词，向当地劳动争议仲裁委员会申请仲裁。

法律分析

《劳动合同法》第44条虽然规定，劳动合同期满的，劳动合同终止。但是该法第45条又规定，劳动合同期满，有《劳动合同法》第42条规定情形之一的，劳动合同应当续延至相应的情形消失时终止。也就是说，通常情况下，劳动合同期限届满，如果用人单位与劳动者没有续签或者新签订劳动合同，双方的劳动合同关系就自然解除。但是如果出现《劳动合同法》第42

条规定的6种情形，则劳动合同应当延续到这些情形消失时才终止：（1）从事接触职业病危害作业的劳动者未进行离岗前职业健康检查，或者疑似职业病病人在诊断或者医学观察期间的；（2）在本单位患职业病或者因工负伤并被确认丧失或者部分丧失劳动能力的；（3）患病或者非因工负伤，在规定的医疗期内的；（4）女职工在孕期、产期、哺乳期的；（5）在本单位连续工作满15年，且距法定退休年龄不足5年的；（6）法律、行政法规规定的其他情形。本案中，某甲在哺乳期间出现劳动合同期限届满的情形，她与用人单位的劳动合同关系依法应当到她哺乳期结束时才能终止。

劳动合同约定的期限是劳动者与用人单位劳动合同关系存续的期限，在这个期限内双方依照合同约定履行义务、享有权利。当劳动合同期限届满，通常情况下双方的劳动合同关系随之终止。但是法律规定，在特殊情况下，即使劳动合同期限届满也不能当然视为劳动合同关系终止，为出现这些特殊情况的劳动者提供一定的保障。

107. 女职工在劳动合同解除后发现劳动合同解除前已经怀孕，能否要求用人单位继续履行劳动合同？

《劳动合同法》第36条规定，用人单位与劳动者协商一致，可以解除劳动合同。另外，根据《最高人民法院关于审理劳动争议案件适用法律若干问题的解释（三）》第10条的规定，劳动者与用人单位就解除或者终止劳动合同等达成的协议，存在重大误解或显失公平情形，当事人请求撤销的，法院应予支持。

如果女职工与用人单位协商一致后解除了劳动合同，不存在显失公平且该女职工对解除劳动合同本身的性质、后果等没有误解，只是疏忽了自己已经怀孕的事实，就不属于重大误解。因此双方解除劳动合同是合法有效的，不能够要求用人单位恢复履行劳动合同。

108. 未成年工有哪些劳动禁忌？

针对年满16周岁，未满18周岁的未成年人，国家有条件地允许用人单位与其建立劳动关系。根据《劳动法》《未成年工特殊保护规定》等法律、法规，对于这部分未成年工，国家予以特殊保护。工种、岗位限制是未成年工特殊保护制度的最重要组成之一。根据《劳动法》第64条的规定，不得安排未成年工从事矿山井下、有毒有害、国家规定的第四级体力劳动强度的劳动和其他禁忌从事的劳动。

为进一步加强对未成年工的特殊保护，《未成年工特殊保护规定》在《劳动法》的基础上详细规定了未成年工不得从事的劳动范围：（1）《生产性粉尘作业危害程度分级》国家标准中第一级以上的接尘作业；（2）《有毒作业分级》国家标准中第一级以上的有毒作业；（3）《高处作业分级》国家标准中第二级以上的高处作业；（4）《冷水作业分级》国家标准中第二级以上的冷水作业；（5）《高温作业分级》国家标准中第三级以上的高温作业；（6）《低温作业分级》国家标准中第三级以上的低温作业；（7）《体力劳动强度分级》国家标准中第四级体力劳动强度作业；（8）矿山井下及矿山地面采石作业；（9）森林业中的伐木、流放及守林作业；（10）工作场所接触放射性物质的作业；（11）有易燃易爆、化学性烧伤和热伤等危险性大的作业；（12）地质勘探和资源勘探的野外作业；（13）潜水、涵洞、涵道作业和海拔3000米以上的高原作业（不包括世居高原者）；（14）连续负重每小时在6次以上并每次超过20公斤，间断负重每次超过25公斤的作业；（15）使用凿岩机、捣固机、气镐、气铲、铆钉机、电锤的作业；（16）工作中需要长时间保持低头、弯腰、上举、下蹲等强迫体位和动作频率每分钟大于50次的流水作业；（17）锅炉司炉。

同时，《未成年工特殊保护规定》还规定，如果未成年工患有某种疾病或具有某些生理缺陷（非残疾型）时，用人单位不得安排其从事以下范围的劳动：（1）《高处作业分级》国家标准中第一级以上的高处作业；（2）《低温作业分级》国家标准中第二级以上的低温作业；（3）《高温作业分级》国家标准中第二级以上的高温作业；（4）《体力劳动强度分级》国家标准中第三级以上体力劳动强度的作业；（5）接触铅、苯、汞、甲醛、二硫化碳等易引起过敏反应的作业。

总的来说，禁止未成年工从事的劳动范围主要是劳动强度超出未成年人承受范围，可能对未成年工的发育成长有影响的作业。

第七章

CHAPTER 7

社会保险和福利

109. 我国的社会保险体系是怎样的？

社会保险是指国家通过立法强制建立社会保险基金，对参加劳动关系的劳动者在丧失劳动能力或失业时给予必要的物质帮助的制度。具体而言，社会保险主要是国家通过筹集社会保险基金，并在一定范围内对社会保险基金实行统筹调剂，当劳动者遭遇劳动风险时给予必要的帮助。社会保险对劳动者提供基本生活保障，只要劳动者符合享受社会保险的条件，如与用人单位建立了劳动关系，或者已按规定缴纳各项社会保险费，即可享受社会保险待遇。社会保险制度是社会保障体系最重要的组成部分，它与社会福利制度、社会救助制度、社会优抚制度共同组成社会保障体系。

根据《社会保险法》的规定，我国的社会保险体系主要由基本养老保险、基本医疗保险、工伤保险、失业保险、生育保险 5 项制度组成。（1）基本养老保险，是指国家和社会根据相关法律法规，为解决劳动者在达到国家规定的劳动年龄界限，或者因年老丧失劳动能力退出工作岗位后的基本生活而建立的一种社会保险制度。（2）基本医疗保险是为补偿劳动者因疾病风险造成的经济损失而建立的一项社会保险制度。通过用人单位和个人缴费，建立医疗保险基金，参保人员患病就诊发生医疗费用后，由医疗保险经办机构给予一定的经济补偿，以避免或减轻劳动者因患病、治疗等所带来的经济风险。（3）工伤保险指的是劳动者在规定的或者特殊情况下因遭受意外事故或累积性职业病而造成劳动能力丧失或死亡时，劳动者或其遗属从国家和社会获得一定物质帮助的制度。（4）失业保险是指国家通过立法强制实行的，由社会集中建立基金，对因失业而暂时中断生活来源的劳动者提供物质帮助进而保障失业人员失业期间的基本生活，促进其再就业的制度。（5）生育保险是通过国家立法规定，在劳动者因生育子女而导致劳动力暂时中断时，由国家和社会及时给予物质帮助的一项社会保险制度。以上5个制度共同组成了我们通常所说的“五险一金”中的“五险”。

110. 劳动者可以自愿放弃社会保险吗？

在实践中，许多劳动者为了多得工资，往往与用人单位协商，不要求用人单位为其缴纳社保，用人单位也同意，并将相关内容写入劳动合同。之后劳动者又以用人单位不为其缴纳社会保险，违反劳动合同法的规定，解除劳动合同后要求用人单位支付经济补偿，用人单位则以劳动者自愿放弃缴纳社会保险为由进行抗辩。

《劳动法》第 72 条规定，用人单位和劳动者必须依法参加社会保险，缴纳社会保险费。《劳动合同法》第 38 条第 3 项规定，用人单位未依法为劳动者缴纳社会保险费的，劳动者可以解除劳动合同。该法第 46 条第 1 项规定，劳动者依照该法第 38 条规定解除劳动合同的，用人单位应当向劳动者支付经济补偿。社会保险是国家强制实行的社会保障制度，具有法定性。《劳动法》《社会保险法》《社会保险费征缴暂行条例》等法律法规明确规定，参加社会保险、缴纳社会保险费是法律对用人单位和劳动者设置的强制性条款，是用人单位和劳动者必须同时履行的法定义务。

因此，即使是员工因自身原因提出放弃社会保险，只要双方是劳动合同关系，那么用人单位都应当为其缴纳社会保险相关费用。此外，如果用人单位不为劳动者缴纳社会保险相关费用，会带来诸多法律风险：（1）劳动者投诉的风险。劳动者有权要求用人单位补缴社会保险，补缴起始日从劳动者与用人单位建立劳动关系之日起算。如劳动者有确切证据证明放弃社会保险是因单位胁迫，依据《劳动合同法》第 38 条、第 46 条规定，劳动者有权随时提出辞职，并要求用人单位支付经济补偿。（2）工伤、医疗费承担的风险。依据《最高人民法院关于审理劳动争议案件适用法律若干问题的解释（三）》第 1 条规定，即使劳动者自愿放弃社会保险，用人单位仍不能豁免工伤、医疗费等赔偿责任。（3）劳动保障行政部门查处的风险。依据《社会保险法》

第84条、第86条等法律规定，即使劳动者保证不追究用人单位的责任，但用人单位仍然面临劳动保障行政部门强制征缴以及行政处罚的法律风险。逾期不改正的，对用人单位处应缴社会保险费数额1倍以上3倍以下的罚款，对其直接负责的主管人员和其他直接责任人员处500元以上3000元以下的罚款。

111. 社会保险费是否全部由用人单位缴纳？

《社会保险法》第4条第2款规定，个人依法享受社会保险待遇，有权监督本单位为其缴费情况。那么，社会保险费是否全部由用人单位缴纳呢？答案是否定的。社会保险作为社会保障制度之一，其最大的作用在于为丧失劳动能力、暂时失去劳动岗位或因健康原因造成损失的劳动者提供收入或补偿。考虑到用人单位是劳动者提供劳动的最大受益者，我国法律规定了用人单位必须为劳动者缴纳社会保险费用。但是，社会保险在保障劳动者的同时也不能过分损害用人单位的利益，劳动者同样需要为自己的保险埋单。为此，法律便规定了5种基本社会保险的保险费，部分由用人单位全额承担，部分则由用人单位与劳动者共同缴纳。具体而言，根据《社会保险法》第10条、第23条、第33条、第44条、第53条的规定，基本养老保险、职工基本医疗保险、失业保险由用人单位与职工按照国家规定共同缴纳，工伤保险和生育保险则由用人单位按照国家规定单独缴纳。

112. 什么是工伤保险？

工伤保险指的是劳动者在规定的或者特殊情况下因遭受意外事故或累积性职业病而造成劳动能力丧失或死亡时，劳动者或其遗属从国家和社会获得一定物质帮助的制度，它是社会保障制度的重要环节之一。不同于一般意义上的保险，工伤保险是一种法律强制险，用人单位必须为职工缴纳，但只有职工才是受益者。工伤保险立法具有突出的社会法属性及人道主义倾向，它的出现是为了应对潜藏于现代社会中的高风险，工伤保险制度一方面可以及时为受伤的职工提供医疗救治、经济补偿，避免职工个人及家庭生活因伤病问题而陷入彻底紊乱的局面，为日后的劳动能力恢复提供一定保障；另一方面也分散了用人单位的用工风险。

一般说来，工伤保险制度具有如下特征：（1）覆盖范围广。这首先表现在覆盖主体上，工伤保险的对象范围涵盖绝大多数生产过程中的劳动者，大部分因工负伤或罹患职业病的劳动者都可以获得工伤保险待遇。在具体的保障内容上，工伤保险制度也呈现出范围广泛的特征，既包括意外伤害，也包括职业病及意外猝死。（2）适用无过错责任原则。无论具体事故的发生责任应归咎于用人单位、职工本人还是第三人，都不会影响工伤认定，仅凭事故存在这一事实行为便可以引发工伤待遇的落实。（3）不同于其他险种，劳动者不需要缴纳工伤保险费，缴费责任全部由用人单位承担。（4）具体的工伤待遇标准会因事故本身的差异而呈现多种样态。（5）遵守补偿与预防、康复相结合的原则。

113. 用人单位是否须为试用期劳动者办理社会保险？

情景再现

某甲大学毕业后进入A公司工作，双方在劳动合同中约定劳动合同期限为5年，试用期为6个月。某甲在拿到试用期第一个月的工资条时与老同事进行比较，发现老同事的工资条中明确注明了基本养老保险、职工基本医疗保险、失业保险等社会保险费的扣缴数额，而自己的却没有。某甲对此不解，询问公司人力部门，人力部门答复称员工尚在试用期内，公司不为其办理社会保险，等他转正后才会为他办理社会保险。某甲认为公司应当在他入职后就为他办理社会保险，为进一步确认，他向在社保局工作的同学进行了咨询。

法律分析

用人单位应当在劳动者入职后即为其办理社会保险，而不能等到劳动者试用期满才办理。根据《社会保险法》第 58 条的规定，用人单位应当自用工之日起 30 日内为其职工向社会保险经办机构申请办理社会保险登记。未办理社会保险登记的，由社会保险经办机构核定其应当缴纳的社会保险费。同时，《社会保险法》《社会保险费申报缴纳管理规定》等还规定，用人单位应当自行申报、按时足额缴纳社会保险费，非因不可抗力等法定事由不得缓缴、减免，如果用人单位未按规定申报且未缴纳社会保险费，社会保险经办机构应当于查明欠缴事实之日起 5 个工作日内发出社会保险费限期补缴通知，责令用人单位在收到通知后 5 个工作日内补缴。如果用人单位逾期仍未缴纳的，将按照《社会保险法》第 63 条、第 86 条的规定处理，社会保险经办机构有权通知开户银行或者其他金融机构划拨社会保险费，加收滞纳金甚至处以罚款。

因此，在上述案例中，A 公司必须在某甲入职之日起 30 天内为其申报社会保险，而不能拖到试用期结束，否则不仅应补足相应的社会保险费，还可能被加收滞纳金甚至被处罚款。

114. 用人单位可以要求劳动者自行负担工伤保险费吗?

情景再现

某甲大学毕业后，几经周折终于被一家企业录用。双方签订了劳动合同，约定劳动合同期限为5年，试用期为3个月。试用期满后，某甲如期转正，而且从事的也是与自己所学专业相关的工作，正当她觉得自己已经得心应手的时候，单位要求某甲与单位签署补充合同，约定工伤保险费用由某甲自行负担，某甲觉得不妥，遂找到劳动行政主管部门咨询相关规定。

法律分析

根据《劳动法》第72条规定，社会保险基金按照保险类型确定资金来源，逐步实行社会统筹。用人单位和劳动者必须依法参加社会保险，缴纳社会保险费。根据《劳动合同法》第38条第1款第3项的规定，用人单位未依法为劳动者缴纳社会保险费的，劳动者可以解除劳动合同。另外，根据《社会保险法》第33条的规定，职工应当参加工伤保险，由用人单位缴纳工伤保险费，职工不缴纳工伤保险费。可知，缴纳工伤保险费属于用人单位的法定义务，用人单位要求劳动者个人承担该笔费用的做法，违反了法律规定，此种约定无效。

根据法律规定，工伤保险应当由用人单位负责缴纳，劳动者不缴纳。如果用人单位没有缴纳该保险，劳动者可以解除合同，若继续履行劳动合同，用人单位应当及时补缴，根据《社会保险法》第86条的规定："用人单位未按时足额缴纳社会保险费的，由社会保险费征收机构责令限期缴纳或者补足，并自欠缴之日起，按日加收万分之五的滞纳金；逾期仍不缴纳的，由有关行政部门处欠缴数额一倍以上三倍以下的罚款。"

115. 劳动者擅自早退发生车祸，是否属于工伤？

情景再现

某甲是东莞市某食品公司保安。2015年7月28日，某甲当天上中班（15：00—23：00），晚班保安来接班后，某甲于22：10左右打卡下班。在下班途中发生交通事故，某甲骑自行车与一辆汽车相撞，某甲多处受伤，后被送往医院救治，2015年8月1日经抢救无效死亡。在交通事故中某甲承担次要责任。随后，某甲妻子某乙向东莞市社会保障局申请工伤认定，东莞社会保障局经调查不予认定某甲为工伤。

法律分析

根据《工伤保险条例》第 14 条的规定，职工有以下情形之一的，应当认定为工伤:（1）在工作时间和工作场所内，因工作原因受到事故伤害的;（2）工作时间前后在工作场所内，从事与工作有关的预备性或者收尾性工作受到事故伤害的;（3）在工作时间和工作场所内，因履行工作职责受到暴力等意外伤害的;（4）患职业病的;（5）因工外出期间，由于工作原因受到伤害或者发生事故下落不明的;（6）在上下班途中，受到非本人主要责任的交通事故或者城市轨道交通、客运轮渡、火车事故伤害的;（7）法律、行政法规规定应当认定为工伤的其他情形。

上述案例中，某甲能否被认定为工伤取决于他是否是在上下班途中发生交通事故的。又根据《最高人民法院关于审理工伤保险行政案件若干问题的规定》第 6 条规定:“对社会保险行政部门认定下列情形为‘上下班途中’的，人民法院应予支持:（一）在合理时间内往返于工作地与住所地、经常居住地、单位宿舍的合理路线的上下班途中;……”可见，上下班途中除考量职工是否在上下班之合理路线外，还须参照上下班合理时间因素综合判断。职工擅自离岗是对用人单位利益的损害，若将其视同为正常下班，并让单位承担该有害行为所带来的风险，显然对用人单位不公平。因此，职工正常的上下班或者经过单位许可的上下班，且上下班的时间与工作时间紧密相连，才符合上下班途中的时间要求。

本案中，某甲提前下班属于擅自离岗行为，不属于职工正常的上下班范畴，不符合上下班途中的时间要求，不予认定为工伤并无不当。

116. 劳动者应如何申请工伤认定？

《社会保险法》第 36 条虽然规定了职工因工作原因受到事故伤害或者患职业病，且经工伤认定的，享受工伤保险待遇；其中，经劳动能力鉴定丧失劳动能力的，享受伤残待遇。但是，《社会保险法》对劳动者如何申请工伤认定却未予以明确。劳动者申请工伤认定的程序性规定，主要规定于《工伤保险条例》第 17 条至第 20 条中。

（1）工伤认定申请主体。法律规定一般由用人单位提出，用人单位未按规定提出工伤认定申请的，工伤职工或者其近亲属、工会组织可以直接提出工伤认定申请。

（2）工伤认定申请时间。如果是用人单位提出的，应当自事故伤害发生之日或者被诊断、鉴定为职业病之日起 30 日内申请工伤认定。遇有特殊情况的，经报社会保险行政部门同意，申请时限可以适当延长。如果是工伤职工或者其近亲属、工会组织提出的，应当在事故伤害发生之日或者被诊断、鉴定为职业病之日起 1 年内申请工伤认定。

（3）工伤认定申请受理部门。法律规定为统筹地区社会保险行政部门。又根据《工伤保险条例》第11条的规定，工伤保险基金逐步实行省级统筹，跨地区、生产流动性较大的行业，可以采取相对集中的方式异地参加统筹地区的工伤保险，具体办法由国务院社会保险行政部门会同有关行业的主管部门制定。

（4）工伤认定申请材料。主要包括：①工伤认定申请表，应当包括事故发生的时间、地点、原因以及职工伤害程度等基本情况；②与用人单位存在劳动关系（包括事实劳动关系）的证明材料；③医疗诊断证明或职业病诊断证明书（或职业病诊断鉴定书）。

（5）工伤认定申请处理时限。根据法律规定，社会保险行政部门应当自受理工伤认定申请之日起60日内作出工伤认定的决定，并书面通知申请工伤认定的职工或者其近亲属和该职工所在单位。社会保险行政部门对受理的事实清楚、权利义务明确的工伤认定申请，应当在15日内作出工伤认定的决定。

117. 劳动者在工作时间因醉酒受伤能否认定为工伤？

情景再现

某甲是A公司业务人员。一日，某甲在工作时不慎摔伤右手肘部，请求公司向劳动部门提出工伤认定。后公司向相关人员了解到，某甲虽然酒量不好，但平时喜欢小饮一口，事发当日中午和外地来的同学一起在酒店喝了一小瓶白酒，刚上班办理业务，就不小心摔了一跤，将右手肘部摔伤。摔伤当日下午，公司将某甲送至医院治疗，同时进行血液检测，酒精含量达到每毫升 116 毫克，仍属于醉酒状态，第二天，公司负责人依据酒精检测结果告诉某甲，根据《工伤保险条例》的规定，他因醉酒摔伤，不能被认定为工伤。随后，某甲以本人的名义申请工伤认定，当地社会保险行政部门也认定其不属于工伤。

法律分析

根据《工伤保险条例》第 16 条的规定，职工有下列情形之一的，不得认定为工伤或者视同工伤：（1）故意犯罪的；（2）醉酒或者吸毒的；（3）自残或者自杀的。《工伤保险条例》第 16 条虽有上述规定，但对认定“故意犯罪的”“醉酒或者吸毒的”“自残或者自杀的”的依据却未作出明确规定，在实践中难免会引起争议。为此，《最高人民法院关于审理工伤保险行政案件若干问题的规定》对认定这 3 种情形的依据作了解释，其中“醉酒或者吸毒”“自残或者自杀”必须由有权机构出具认定书、结论性意见（通常是行政拘留决定书或者司法鉴定之类的文书）、法院判决书，而是否构成“故意犯罪”则应以刑事侦查机关、检察机关和审判机关的生效法律文书或者结论性意见为依据，如法院作出存在“故意犯罪”的刑事判决，或者公安机关、检察院在撤销案件决定书、不起诉决定书等法律文书中认定存在“故意犯罪”的。

上述案例中，A公司根据医院酒精检测结果主张某甲在工作期间手肘部摔伤是因醉酒所致，如果同时提供了有权机构出具的某甲醉酒的认定书或结论性意见，则某甲在工作期间受伤就不能被认定为工伤。

118. 用人单位补贴员工外出旅游活动中受伤是不是工伤？

情景再现

某甲生前是某中学的教师。该校为了丰富教师知识，组织教师去西安“世园会”参观学习，并出资联系了车辆。2017年5月6日凌晨，某甲按学校的安排乘坐客车前往参观地点。在西宝高速行驶中，客车与路面隔离墩相撞，车辆失控侧翻于路基下，某甲经抢救无效死亡。某甲妻子某乙认为，某甲参加学校组织的活动，在工作时间、因工作原因外出途中发生交通事故，符合工伤认定的规定，遂提出工伤认定申请，但当地社会保险行政部门不予认定工伤。

法律分析

根据《工伤保险条例》第14条第5项的规定，职工因工外出期间，由于工作原因受到伤害或者发生事故下落不明的，应当认定为工伤。从法律释义的角度讲，该条规定中的“因工外出”是指职工不在本单位的工作范围内，由于工作需要被领导指派到本单位以外工作，或者为了更好地完成工作，自己到单位以外从事与本职工作有关的工作。“由于工作原因受到伤害”是指由于工作原因直接或间接造成的伤害，包含事故伤害、暴力伤害和其他形式的伤害。虽然随着生活水平提高、工作模式日益多样化，的确出现了如拓展训练等多种丰富企业文化、提高职工素质的单位活动。但是否能够认定属于工作原因，应当从活动的目的、性质、费用等多方面因素审慎考量。

在上述案例中，学校安排外出的目的明显是参加旅游活动，与教学工作无关，不符合因公外出，应当不予认定为工伤。

119. 劳动者参加了人身意外伤害险，发生事故能否申请工伤赔偿？

情景再现

某甲于2014年9月进入A公司工作。2014年11月4日，某甲上班期间操作机器时不慎被皮带挤伤右手。在公司未申请工伤认定的情况下，某甲向当地社会保险行政部门申请并被认定为工伤，后经鉴定为10级伤残。因公司没有为其缴纳工伤保险费，某甲要求公司支付相应的工伤保险待遇。公司以某甲已投保人身意外伤害保险，医疗费用及残疾赔偿均应由保险公司理赔为由拒绝支付。为此，某甲向当地劳动争议仲裁委员会提出仲裁申请，要求公司支付一次性伤残补助金、一次性工伤医疗补助金和一次性伤残就业补助金。

法律分析

根据原劳动和社会保障部办公厅《关于参加商业保险中的人身意外伤害险后是否还应当参加工伤保险问题的复函》，工伤保险是社会保险的一个重要组成部分，是国家强制实施的一项社会保障制度。按照《劳动法》第72条“用人单位和劳动者必须依法参加社会保险，缴纳社会保险费”的规定，我国境内的用人单位，无论劳动者是否参加了商业保险中的人身意外伤害险，都必须按照国家规定参加工伤保险。人身意外伤害险不能代替工伤保险。因此，上述案例中，虽然某甲已投保人身意外伤害保险，医疗费用及残疾赔偿也应由保险公司理赔，但A公司在没有为某甲缴纳工伤保险费的情况下，也应当支付相应的工伤保险待遇。

120. 劳动者在工作期间遭到他人侵害的，能在享受工伤保险待遇的同时主张人身损害赔偿吗？

劳动者在工作期间遭受他人侵害，构成工伤的，该劳动者既是工伤事故中的受伤职工，又是侵权行为的受害人，有权同时获得工伤保险赔偿和人身损害赔偿。用人单位和侵权人均应当依法承担各自所负赔偿责任，即使该劳动者已从其中一方先行获得赔偿，亦不能免除或者减轻另一方的赔偿责任。

《工伤保险条例》第 14 条明确了应当认定为工伤的法定情形，只要符合这些法定情形，职工所受伤害无论是否由第三人侵权引起，都应当认定为工伤。换言之，是否存在第三人侵权不影响工伤的认定。而第三人侵权造成他人身体伤害的，应当承担赔偿责任，被侵害人依法享有获得赔偿的权利。《最高人民法院关于审理人身损害赔偿案件适用法律若干问题的解释》第 12 条也明确规定："依法应当参加工伤保险统筹的用人单位的劳动者，因工伤事故遭受人身损害，劳动者或者其近亲属向人民法院起诉请求用人单位承担民事赔偿责任的，告知其按《工伤保险条例》的规定处理。因用人单位以外的第三人侵权造成劳动者人身损害，赔偿权利人请求第三人承担民事赔偿责任的，人民法院应予支持。”根据该规定，劳动者因工伤事故受到人身损害，有权向用人单位主张工伤保险赔偿，如果所受人身损害系因用人单位以外的第三人侵权所致，劳动者同时还有权向第三人主张人身损害赔偿。

二者虽然基于同一损害事实，但存在两个不同的法律关系，互不排斥。首先，基于工伤事故的发生，劳动者与用人单位之间形成工伤保险赔偿关系，无须考查工伤事故发生的原因，即使工伤事故系因用人单位以外的第三人侵权所致，或者是由于受伤职工本人的过失所致，都不影响受伤职工向用人单位主张工伤保险赔偿。其次，基于侵权事实的存在，受伤职工作为被侵权人，与侵权人之间形成侵权之债的法律关系，有权向侵权人主张人身损害赔偿。侵权之债成立与否，与被侵权人是否获得工伤保险赔偿无关，即使用人单位已经给予受伤职工工伤保险赔偿，也不能免除侵权人的赔偿责任。

综上，因用人单位以外的第三人侵权造成劳动者人身损害，构成工伤的，劳动者具有双重主体身份——工伤事故中的受伤职工和人身侵权的受害人。基于双重主体身份，劳动者有权向用人单位主张工伤保险赔偿，同时还有权向侵权人主张人身损害赔偿，即有权获得双重赔偿。

121. 劳动者被指派到外单位工作期间，发生事故伤害应由谁承担工伤保险责任？

情景再现

某甲是A公司聘用的中层管理人员。2018年6月，某甲被A公司指派到A公司的关联公司B公司工作。2018年7月，某甲在上班途中遭遇车祸，被一辆闯红灯的私家车撞伤，之后被认定为工伤。当某甲向A公司申请工伤赔偿时，A公司认为他现在在B公司工作，是在B公司工作期间受伤的，应当由B公司承担工伤保险责任。而B公司认为某甲和它没有签订劳动合同，不应承担工伤保险责任。

法律分析

根据《社会保险法》《工伤保险条例》等规定，当劳动者发生事故伤害时，应当由用人单位承担工伤保险责任。但是，在某些特殊情况下，可能存在用人单位不明确或实际用人单位与签订劳动合同的单位不一致等情况。在这种情况下，确定应承担工伤保险责任的用人单位就存在困难。为此，《最高人民法院关于审理工伤保险行政案件若干问题的规定》第3条对此类问题作出了明确规定:（1）职工与两个或两个以上单位建立劳动关系，工伤事故发生时，职工为之工作的单位为承担工伤保险责任的单位;（2）劳务派遣单位派遣的职工在用工单位工作期间因工伤亡的，派遣单位为承担工伤保险责任的单位;（3）单位指派到其他单位工作的职工因工伤亡的，指派单位为承担工伤保险责任的单位;（4）用工单位违反法律、法规规定将承包业务转包给不具备用工主体资格的组织或者自然人，该组织或者自然人聘用的职工从事承包业务时因工伤亡的，用工单位为承担工伤保险责任的单位;（5）个人挂靠其他单位对外经营，其聘用的人员因工伤亡的，被挂靠单位为承担工伤保险责任的单位。同时，在上述第 4 项、第 5 项明确的承担工伤保险责任的单位承担赔偿责任或者社会保险经办机构从工伤保险基金支付工伤保险待遇后，有权向相关组织、单位和个人追偿。

上述案例中，某甲是被 A 公司指派到 B 公司工作，A 公司作为指派单位应当承担工伤保险责任。

122. 未参保单位的职工发生工伤时应如何处理?

情景再现

某甲自 2016 年起一直在 A 公司从事车间机床操作工作。公司在与某甲签订劳动合同时，明确约定了为某甲办理各类社会保险。2018 年 3 月，某甲在一次操作中机器发生故障导致手部被卷入机器受重伤。某甲因受伤治疗发生了大量的费用，在申请享受工伤保险待遇时却被告知 A 公司从未缴纳工伤保险费，社保局通知某甲向 A 公司索要各项费用，但 A 公司推诿塞责，最终由社保局先行支付。

法律分析

根据《社会保险法》《工伤保险条例》等规定，我国境内的企业、事业单位、社会团体、民办非企业单位、基金会、律师事务所、会计师事务所等组织和有雇工的个体工商户（以下称用人单位）应当依照规定参加工伤保险，为本单位全部职工或者雇工缴纳工伤保险费。但是，仍有部分用人单位违反法律规定，不缴纳工伤保险费。针对这种情况，法律规定应当由用人单位支付劳动者相应的工伤保险待遇。

但如果用人单位拒不支付，劳动者又处在相对弱势的地位，为了让劳动者能够及时获得工伤保险待遇，保障其基本生活，《社会保险法》规定了社会保险经办机构可以从工伤保险基金中先行支付。待社会保险经办机构先行支付后，该机构可向用人单位追偿。若用人单位不偿还相关费用，社会保险经办机构可以按照《社会保险法》第 63 条的规定，向银行和其他金融机构查询其存款账户；并可以申请县级以上有关行政部门作出划拨社会保险费的决定，书面通知其开户银行或者其他金融机构划拨社会保险费；可以申请人民法院扣押、查封、拍卖其价值相当于应当缴纳社会保险费的财产，以拍卖所得抵缴社会保险费。

123. 工伤劳动者医治无效死亡，其近亲属能否享受工亡待遇？

情景再现

某甲是某市房地产开发公司的职工，该公司一直未为其缴纳工伤保险费。某甲于2015年10月7日在工作中受伤，经社会保险行政部门认定为工伤。因某甲伤情较重，受伤后一直在医院住院治疗，直至2016年10月24日因全身器官功能衰竭死亡。2016年10月28日，经劳动能力鉴定委员会鉴定某甲为工伤一级伤残。2016年12月22日，某甲近亲属向劳动争议仲裁委员会申请仲裁，请求裁决某市房地产开发公司支付某甲因工死亡丧葬补助金、供养亲属抚恤金和一次性工亡补助金共计80万元。

法律分析

《工伤保险条例》第33条规定："职工因工作遭受事故伤

害或者患职业病需要暂停工作接受工伤医疗的，在停工留薪期内，原工资福利待遇不变，由所在单位按月支付。停工留薪期一般不超过12个月。伤情严重或者情况特殊，经设区的市级劳动能力鉴定委员会确认，可以适当延长，但延长不得超过12个月……”本案中某甲因工受伤后住院治疗，符合《工伤保险条例》第33条规定的停止工作接受工伤医疗的条件。由于劳动能力鉴定委员会在某甲工伤住院死亡后才作出工伤一级伤残的鉴定结论，此时某甲已死亡，导致劳动能力鉴定委员会无法按照正常程序对某甲是否应当延长停工留薪期进行确认并作出结论。某甲属于工伤一级伤残，且工伤后持续住院治疗，伤情仍然加重，最终死亡，虽然劳动能力鉴定委员会尚未对其是否延长停工留薪期进行确认，但应当认定某甲属于“伤情严重”的情形，符合工伤职工延长停工留薪期条件，某甲的死亡应当认定为停工留薪期内死亡。

根据《工伤保险条例》第39条规定，伤残职工在停工留薪期内因工伤导致死亡的，其近亲属享受该条第1款规定的待遇。又由于某市房地产开发公司一直未为某甲缴纳工伤保险费，根据《社会保险法》第41条第1款规定：职工所在用人单位未依法缴纳工伤保险费，发生工伤事故的，由用人单位支付工伤保险待遇。综上，某市房地产开发公司应支付某甲近亲属丧葬补助金、供养亲属抚恤金和一次性工亡补助金。

124. 未在用人单位就业的劳动者能参加基本养老保险吗？

情景再现

某甲是个体工商户，在某五金市场从事五金零部件买卖工作，店铺由他一人操持，并没有雇员。某甲发现自己在企业工作的亲朋好友都参加了基本养老保险，疑惑自己也是劳动者，是否也可以参加基本养老保险？

法律分析

基本养老保险是国家和社会为解决劳动者在达到国家规定的劳动年龄界限，或者因年老丧失劳动能力退出工作岗位后的基本生活而建立的社会保险制度。因此，只要是劳动者就可以依法参加基本养老保险。劳动形式具有多样性，除在各类用人单位实现就业外，劳动者还可以从事个体工商业及其他自由职业。为了保障每个劳动者都能获得基本养老保险保障，根据《社会保险法》第10条第1款、第2款的规定，在用人单位就业的劳动者，与用人单位共同缴纳基本养老保险费，参加基本养老保险；无雇工的个体工商户、未在用人单位参加基本养老保险的非全日制从业人员以及其他灵活就业人员可以参加基本养老保险，由个人缴纳基本养老保险费。

基本养老保险实行社会统筹与个人账户相结合。在用人单位工作的职工，用人单位应当按照国家规定的本单位职工工资总额的比例缴纳基本养老保险费，记入基本养老保险统筹基金；职工应当按照国家规定的本人工资的比例缴纳基本养老保险费，记入个人账户。无雇工的个体工商户、未在用人单位参加基本养老保险的非全日制从业人员以及其他灵活就业人员参加基本养老保险的，应当按照国家规定缴纳基本养老保险费，分别记入基本养老保险统筹基金和个人账户。

125. 享受基本养老保险待遇的条件是什么？

情景再现

某甲原先一直在家务农，他儿子小甲在城里买房后把他和老伴一起接到城里生活。某甲觉得一直待在家里无所事事不是办法，便在儿子单位找了一份保安的工作，入职时他已经50周岁了。公司依照规定为他办理了各类社会保险。某甲一直在这家公司工作到退休。退休之后，他本想着自己可以领取基本养老金了，但却迟迟没有收到，便去社保局询问，被告知他缴费没有满15年，不能享受基本养老金。某甲对此很不理解，认为自己已经退休，公司也一直给他缴纳了基本养老保险费，为什么不能领取基本养老金？

法律分析

根据我国《社会保险法》第16条的规定，劳动者享受基本养老保险待遇有两个前提条件：年龄条件与缴费条件。

（1）参加基本养老保险的劳动者，必须达到法定退休年龄才能领取基本养老金。根据我国法律的规定，男性劳动者的法定退休年龄为60周岁，女性劳动者的法定退休年龄为55周岁。

（2）劳动者必须依法缴纳基本养老保险费，并且缴足相应的年限。根据现有规定，在用人单位工作的劳动者由用人单位协同劳动者共同缴纳基本养老保险费，无雇工的个体工商户、未在用人单位参加基本养老保险的非全日制从业人员以及其他灵活就业人员由个人自行缴纳基本养老保险费。就年限而言，要求劳动者累计缴费满15年。

因此，参加基本养老保险的个人，只有达到法定退休年龄时累计缴费满15年的，才能按月领取基本养老金。参加基本养老保险的个人，达到法定退休年龄时累计缴费不足15年的，可以缴费至满15年，按月领取基本养老金；也可以转入新型农村社会养老保险或者城镇居民社会养老保险，按照国务院规定享受相应的养老保险待遇。

126.用人单位能否要求劳动者自行缴纳养老保险费？

情景再现

某甲从2014年8月10日开始到A公司工作。双方在劳动合同中约定“基本养老保险费由用人单位在工资中按月发给劳动者，参保缴费手续由劳动者本人办理”。劳动合同期限为3年，2017年8月10日劳动合同期限届满，A公司并没有与某甲续签劳动合同。在劳动合同存续期间，某甲并没有参保基本养老保险，他认为应当由A公司为其缴纳养老保险费。为此，某甲提起仲裁申请，要求A公司为其缴纳该期间的基本养老保险费。

法律分析

根据《劳动法》第72条的规定，用人单位和劳动者必须依法参加社会保险，缴纳社会保险费。根据《社会保险法》的规定，用人单位为劳动者申报缴纳社会保险是用人单位的法定义务。同时根据《社会保险费征缴暂行条例》第4条和第12条的规定，缴费单位、缴费个人应当按时足额缴纳社会保险费，应当以货币形式全额缴纳社会保险费；缴费个人应当缴纳的社会保险费，由所在单位从其本人工资中代扣代缴。因此，用人单位与劳动者在劳动合同中约定"基本养老保险费由用人单位在工资中按月发给劳动者、参保缴费手续由劳动者本人办理"违反了法律规定，应属无效条款。同时，基本养老保险费应由用人单位与劳动者共同缴纳，劳动者缴纳部分由用人单位从其本人工资中代扣代缴。本案中，A 公司应当为某甲申报缴纳其在职期间的基本养老保险费，A 公司与某甲应按法定比例承担应缴纳的费用。

127. 劳动者开始享受社会基本养老保险待遇时，劳动合同是否应当终止？

社会基本养老保险是国家和社会根据相关的法律法规，为解决劳动者在达到国家规定的劳动年龄界限，或者因年老丧失劳动能力退出工作岗位后的基本生活而建立的一种社会保险制度。社会基本养老保险同基本医疗保险、工伤保险、失业保险、生育保险和住房公积金共同组成了我们常说的"五险一金"。根据《社会保险法》第 16 条的规定，参加基本养老保险的个人，达到法定退休年龄时累计缴费满 15 年的，可以按月领取基本养老金。那么，当劳动者开始享受社会基本养老保险待遇时，他与用人单位签订的劳动合同是否当然终止呢？

根据《劳动合同法》第 44 条的规定，有下列情形之一时，劳动合同终止：（1）劳动合同期满的；（2）劳动者开始依法享受基本养老保险待遇的;（3）劳动者死亡，或者被人民法院宣告死亡或者宣告失踪的;（4）用人单位被依法宣告破产的;（5）用人单位被吊销营业执照、责令关闭、撤销或者用人单位决定提前解散的;（6）法律、行政法规规定的其他情形。因此，当劳动者开始依法享受基本养老保险待遇时，他与用人单位的劳动合同自动终止，无须某一方提出解除劳动合同。

但是，有两点需要注意:（1）劳动者达到退休年龄并不意味着他开始依法享受基本养老保险待遇。根据《社会保险法》第 16 条的规定，劳动者参加基本养老保险，在达到法定退休年龄时如果累计缴纳基本养老保险费不满 15 年，无法享受基本养老保险待遇，此时，他与用人单位的劳动合同并不会终止。待劳动者缴费至满 15 年，开始按月领取基本养老金，他与用人单位的劳动才会终止。（2）劳动者开始依法享受基本养老保险待遇，并与用人单位劳动合同终止后，劳动者并非不能继续从事现有工作。我国的法律法规作出上述规定，是为了促进劳动力的更新，为青壮年劳动者提供更多的机会，同时也是为了尊老养老。劳动者与用人单位若仍想继续保持工作关系，可以签订退休返聘协议，只是此时劳动者与用人单位之间属于雇佣关系或劳务关系，不再适用《劳动法》和《劳动合同法》等劳动相关的法律进行调整。

128. 职工基本医疗保险、新型农村合作医疗保险、城镇居民基本医疗保险有何异同?

我国的社会医疗保险体系由职工基本医疗保险、新型农村合作医疗保险、城镇居民基本医疗保险共同组成。其中，职工基本医疗保险是为补偿劳动者因疾病风险造成的经济损失而建立的一项社会保险制度；城镇居民基本医疗保险采取以政府为主导，以居民个人（家庭）缴费为主，政府适度补助为辅的筹资方式，按照缴费标准和待遇水平相一致的原则，为城镇居民提供医疗需求的医疗保险制度；新型农村合作医疗保险是指通过个人、集体、政府多方筹资，将符合条件的农村居民纳入参保范围，达到规定年龄时领取养老保障待遇，以保障农村居民年老时基本生活为目的，带有社会福利性质的一种社会保障制度。以上3种制度虽然都是社会医疗保险制度，共同保障公民在患病时不至于因病致贫，但也存在很多区别之处：

（1）适用人群不同。职工医疗保险的适用人群为城镇所有用人单位的职工，包括企业、机关、事业单位、社会团体、民办非企业等单位的职工。新型农村合作医疗保险、城镇居民基本医疗保险则分别适用于生活在农村、城镇的非从业居民，包括未成年公民、成年公民和老年公民。

（2）缴费方式不同。职工医疗保险是根据单位的职工工资总额按一定的缴费比例，由单位统一缴纳，用人单位与劳动者共同承担。城镇居民医疗保险是个人通过所在居委会或学校（幼儿园）缴费，同时政府在个人和家庭缴费的基础上给予补助。而新农村合作医疗保险则是农村个人通过所在村委会缴费，同时政府在个人和家庭缴费的基础上给予补贴。

（3）享受的待遇不同。参加城镇职工医疗保险的职工可享受住院费用报销、统筹病种门诊费用报销以及用于支付门诊医疗费的个人账户待遇，其报销比例较城镇居民医疗保险高一些。参加城镇居民基本医疗保险和新型农村合作医疗保险的居民可享受住院费用报销和统筹病种费用报销待遇，由于缴费费率较低，因此享受的待遇也低一些。

129. 哪些医疗费用不能纳入基本医疗保险基金的支付范围？

基本医疗保险制度作为国家医疗保障的重要手段，通过报销相关的医疗费用减少个人和家庭的看病支出，有力缓解因病致贫现象，让老百姓真正看得起病。但是，基本医疗保险并非可以报销居民因病花费的全部医疗费用，这既有基本医疗保险基金总额有限的原因，也有科学明确医疗费用分担的考虑。

根据《社会保险法》的规定，符合基本医疗保险药品目录、诊疗项目、医疗服务设施标准以及急诊、抢救的医疗费用，按照国家规定从基本医疗保险基金中支付。但是下列医疗费用不能纳入基本医疗保险基金的支付范围：（1）应当从工伤保险基金中支付的。根据《社会保险法》第64条关于“各项社会保险基金按照社会保险险种分别建账，分账核算”的规定，应当从工伤保险基金中支付的医疗费用不能纳入基本医疗保险基金支付范围。（2）应当由第三人负担的。参保人由于第三人的原因发生人身伤害而产生的医疗费用，应当由第三人承担。（3）应当由公共卫生负担的。基本公共卫生服务按项目为城乡居民免费提供，经费标准按单位服务综合成本核定，所需经费由政府预算安排。（4）在境外就医的。境外就医的医疗费用因难以核算审定，不纳入基本医疗保险基金支付范围。

130. 劳动者领取失业保险金后，用人单位还需要支付经济补偿吗？

情景再现

某甲是A公司的一名营销人员，于2014年入职，劳动合同期限为5年，但业绩一直较差。2016年3月，公司将他调到内部档案管理岗位，他也经常出错。2018年8月，A公司向某甲发出了解约通知书，告知某甲因其无法胜任工作，根据《劳动合同法》第40条与其解除劳动合同，并额外支付了他一个月的工资。但A公司认为某甲可以领取失业保险金，并没有支付他相应的经济补偿。

法律分析

失业保险金属于社会保险，是由失业保险经办机构在劳动者失业后按照《失业保险条例》发放的失业保险待遇中的部分费用，主要目的是保障失业人员在失业期间的基本生活，促进其再就业。而经济补偿是用人单位解除或终止劳动合同时，对符合法律规定的情形，按照法定标准或约定标准向劳动者支付的经济补偿，体现了劳动法对劳动者倾斜保护的原则。经济补偿应被视为劳动法上特有的和独立的解约经济补偿形式，是对因用人单位解除合同而遭受损失的劳动者进行的补偿。只要符合法定情形，用人单位就应当在劳动合同解除或终止时支付相应的经济补偿。法律并未限定获取经济补偿的劳动者的范围。无论劳动者是否为工伤职工，都有权按照法律规定获取经济补偿。

经济补偿与失业保险金的来源、发放条件、标准、功能均不同。经济补偿由用人单位发放，将劳动者在该单位的工作年限、贡献大小、该单位的经济效益等因素考虑进来；失业保险金由社会统筹统管，具有社会性、统一性。因此，经济补偿和失业保险金不能混同。所以，劳动合同解除时，用人单位对符合规定的劳动者应支付经济补偿，不能因劳动者领取了失业保险金而拒付或克扣经济补偿。失业保险经办机构也不能因劳动者领取了经济补偿而停发或者少发失业保险金。

第八章

CHAPTER 8

劳动争议解决

131. 劳动者与用人单位发生的哪些争议属于劳动争议？

劳动者在用人单位工作期间，可能发生的争议是多种多样的，但并不是所有的争议都属于劳动争议，都可以通过劳动争议解决手段予以调停。如劳动者与用人单位领导在事务处理方式上的争议、劳动者与用人单位在价值理念上的冲突等，都不属于劳动争议，无法通过劳动争议解决手段解决。根据《劳动争议调解仲裁法》第2条的规定，劳动者与用人单位之间的下列争议，归属于劳动争议，可以通过调解、仲裁等争议解决手段解决：（1）因确认劳动关系发生的争议；（2）因订立、履行、变更、解除和终止劳动合同发生的争议；（3）因除名、辞退和辞职、离职发生的争议；（4）因工作时间、休息休假、社会保险、福利、培训以及劳动保护发生的争议；（5）因劳动报酬、工伤医疗费、经济补偿或者赔偿金等发生的争议；（6）法律、法规规定的其他劳动争议。

下列纠纷不属于劳动争议：（1）劳动者请求社会保险经办机构发放社会保险金的纠纷；（2）劳动者与用人单位因住房制度改革产生的公有住房转让纠纷；（3）劳动者对劳动能力鉴定委员会的伤残等级鉴定结论或者对职业病诊断鉴定委员会的职业病诊

断鉴定结论的异议纠纷；（4）家庭或者个人与家政服务人员之间的纠纷；（5）个体工匠与帮工、学徒之间的纠纷；（6）农村承包经营户与受雇人之间的纠纷。解决劳动争议，应当根据事实，遵循合法、公正、及时、着重调解的原则，依法保护劳动者与用人单位双方的合法权益。

132. 劳动者与用人单位发生劳动争议时有哪些纠纷解决途径？

情景再现

某甲高中毕业后通过招聘进入某餐厅从事服务员工作。餐厅并没有与某甲签订书面的劳动合同，只是口头约定了月基本工资为1500元，另根据工作量发放绩效工资，每天工作8小时，每周工作6天。但在实际工作中，某甲每天常常工作超过10小时，有时候一周都要上班。同时，餐厅每月也只发给他1500元工资，没有绩效工资也没有加班费。某甲认为餐厅的行为侵害了他应得的利益，但又不知道如何寻求救济。

法律分析

劳动者在用人单位工作期间，难免会与用人单位在劳动合同的签订、变更与解除，加班费的多少，工资是否按月发放等方面产生争议。为有效保护劳动者的合法权益，也为了能够给用人单位正确的劳动管理予以支持，我国法律确立了多种劳动争议纠纷解决途径。

根据《劳动法》第 77 条的规定，如果用人单位与劳动者发生劳动争议，双方可以依法申请调解、仲裁、提起诉讼，也可以协商解决。因此，劳动者与用人单位发生劳动争议，可以采取以下途径处理：（1）协商。劳动者与用人单位在平等、公平、自愿、合法的前提下，可以自行协商处理。（2）申请调解。劳动者可以向本单位劳动争议调解委员会申请调解。（3）仲裁。如果没有达成调解协议或者拒绝调解而要求仲裁的，可以申请仲裁。如果劳动者不愿意由劳动争议调解委员会调解，或者本单位没有劳动争议调解委员会的，劳动者可以直接向劳动争议仲裁委员会申请仲裁。（4）起诉。如果劳动者对劳动争议仲裁委员会的裁决不服，可以向人民法院提起诉讼。

需要说明的是，劳动争议调解委员会的调解不是劳动争议处理的必经程序，当事人一方可以直接申请仲裁，但申请仲裁是必须程序，人民法院只有在当事人对仲裁裁决不服时，才受理诉讼。

133. 申请劳动争议仲裁的时效是怎样的？

劳动争议仲裁时效是指当事人因劳动争议纠纷要求保护其合法权利，必须在法定的期限内向劳动争议仲裁委员会提出仲裁申请，否则，法律规定消灭其申请仲裁权利的一种时效制度。2008年5月1日后受理的劳动争议案件适用《劳动争议调解仲裁法》，根据该法，劳动争议申请仲裁的时效期间为一年，仲裁时效期间从当事人知道或者应当知道其权利被侵害之日起计算。但对于2008年5月1日前发生的劳动争议案件，有关仲裁时效和起诉的规定则适用《劳动法》。《劳动法》关于仲裁时效的规定见第82条：提出仲裁要求的一方应当自劳动争议发生之日起60日内向劳动争议仲裁委员会提出书面申请。

根据《劳动争议调解仲裁法》第27条的规定，劳动争议仲裁时效，因用人单位或劳动者一方向对方主张权利，或者向有关部门请求权利救济，或者对方当事人同意履行义务而中断，从中断时起，仲裁时效期间重新计算。因不可抗力或者有其他正当理由，劳动者或用人单位不能在知道或者应当知道其权利被侵害之日起1年内申请仲裁的，仲裁时效中止。从中止时效的原因消除之日起，仲裁时效期间继续计算。劳动关系存续期间因拖欠劳动报酬发生争议的，劳动者申请仲裁不受1年仲裁时效期间的限制；但是，劳动关系终止的，因拖欠劳动报酬发生争议的仲裁申请应当自劳动关系终止之日起1年内提出。

134. 申请劳动争议仲裁应去哪？

情景再现

某甲是A公司的一名职工，一直在公司工作了2年。A公司位于北京市海淀区，但某甲一直被公司派驻北京市昌平区工作。在A公司一次员工档案检查的过程中，A公司人力资源部工作人员发现某甲在应聘时提供了虚假的学历信息，认为某甲涉嫌欺诈，遂向某甲发出解除劳动合同的通知。然而，某甲认为他虽然提供了虚假的学历信息，但公司是因为他的工作能力录用他的，与学历无关，公司无权与他解除劳动合同。双方因此发生争议，某甲向北京市昌平区劳动争议仲裁委员会申请了仲裁，而A公司向北京市海淀区劳动争议仲裁委员会申请了仲裁。该起仲裁应当由哪个劳动争议仲裁委员会管辖呢？

法律分析

根据《劳动争议调解仲裁法》第17条的规定，不同于各类调解组织，劳动争议仲裁委员会按照统筹规划、合理布局和适应实际需要的原则设立。省、自治区人民政府可以决定在市、县设立；直辖市人民政府可以决定在区、县设立。直辖市、设区的市也可以设立一个或者若干个劳动争议仲裁委员会。劳动争议仲裁委员会不按行政区划层层设立。劳动者或用人单位不能随意向各个劳动争议仲裁委员会申请仲裁，各个劳动争议仲裁委员会只负责管辖本区域内发生的劳动争议。用人单位或劳动者只能向劳动合同履行地或者用人单位所在地的劳动争议仲裁委员会申请仲裁。如果双方当事人分别向劳动合同履行地和用人单位所在地的劳动争议仲裁委员会申请仲裁，则由劳动合同履行地的劳动争议仲裁委员会管辖。

在上述案例中，北京市昌平区为劳动合同履行地，海淀区为用人单位所在地，劳动者某甲与用人单位A公司分别向两地的劳动争议仲裁委员会提起了仲裁，应当由作为劳动合同履行地的昌平区劳动争议仲裁委员会管辖。

135. 如何选择劳动争议解决方式？

我国目前的劳动争议处理制度通常被概括为“一调一裁两审”。发生劳动争议后，当事人除进行协商外，还可以申请调解，调解不成或者不愿意调解，可以申请仲裁，对仲裁裁决不服，可以向人民法院提起诉讼，诉讼程序按照民事诉讼程序进行，实行两审终审制。其中，仲裁是诉讼的前置程序，也就是说劳动争议必须先申请仲裁，经由仲裁机关处理后，才能向人民法院提起诉讼。另外，对于一些特殊纠纷，如涉及金额不大的追索劳动报酬、经济补偿、养老金或者赔偿金的争议，以及因执行国家的劳动标准在工作时间、休息休假、社会保险等方面发生的争议实行“一裁终局”，也就是说这些案件经由仲裁机关仲裁后的裁决就是终局裁决，可以依据仲裁裁决申请人民法院强制执行。

以上程序中，最快速的解决方式是协商解决，最经济的解决方式是申请调解，最常见的解决方式是申请仲裁，最后的解决方式是向法院提起诉讼。这些程序有一定的独立性，由当事人自愿选择或者依法适用，但是提起诉讼之前必须先申请仲裁，经由仲裁机关处理后并且符合法律规定的条件时，人民法院才会依法受理。

136. 申请劳动争议调解必须书面申请吗？

情景再现

某甲是A公司的一名职工，在A公司工作了5年。在一次员工档案检查的过程中，A公司人力资源部工作人员发现某甲在应聘时提供了虚假的身份证信息，谎报了年龄，认为某甲涉嫌欺诈，遂向某甲发出解除劳动合同的通知。然而，某甲认为他虽然提供了虚假的身份证信息，但公司是因为他的工作能力录用他的，与他的年龄无关，公司无权与他解除劳动合同。双方因此发生争议。某甲认为公司的劳动争议调解委员会不公正，向当地的街道人民调解委员会申请条件。因文化水平有限，某甲没有写申请书，而是向人民调解委员会口头提出了申请，但被拒绝，被要求提交书面申请。对此，某甲感到不服。

法律分析

当发生劳动争议时，到各类调解组织申请调解是法律赋予用人单位和劳动者，特别是劳动者的正当权利，是他们维护自身合法权益的合法武器。国家有义务保障他们该项权利的行使。为此，《劳动争议调解仲裁法》第12条明确规定了“当事人申请劳动争议调解可以书面申请，也可以口头申请”。这一规定主要是出于保护劳动者申请调解权利的考虑。部分劳动者的文化水平较低，不识字或者对劳动相关法律法规缺乏了解，难以表达清楚劳动争议事项，如果要求他们必须书面申请调解未免强人所难。为了照顾这部分劳动者，《劳动法》《劳动争议调解仲裁法》便规定了可以口头申请调解，口头申请的，调解组织应当当场记录申请人基本情况、申请调解的争议事项、理由和时间。

137. 劳动争议调解组织有哪些?

根据《劳动争议调解仲裁法》第10条的规定，当劳动者与用人单位产生劳动争议时，可以向以下调解组织申请调解：（1）企业劳动争议调解委员会，由职工代表和企业代表组成，其中，职工代表由工会成员担任或者由全体职工推举产生；企业代表由企业负责人指定，企业劳动争议调解委员会主任由工会成员或者双方推举的人员担任。（2）依法设立的基层人民调解组织，是指根据《人民调解法》设立的人民调解委员会。（3）在乡镇、街道设立的具有劳动争议调解职能的组织，主要有两种：一种是依托于乡镇劳动服务站的调解组织，另一种是依托地方工会的劳动争议调解组织。

同时，《劳动争议调解仲裁法》还规定了在劳动争议调解组织担任调解员的人员应当符合如下几个条件：（1）公道正派、联系群众、热心调解工作。公道正派是指调解员应当具有一定的威信，秉公进行调解工作，让劳动争议的双方当事人易于接受；联系群众是指调解员应当多和群众交流，多了解群众在劳动中遇到的问题，让调解工作有的放矢；热心调解工作是指调解员义务从事劳动争议调解工作，愿意为调解工作贡献自己的力量。（2）具有一定的法律知识、政策水平和文化水平。调解工作应当以劳动相关法律、法规和劳动政策为依据，作为劳动争议调解员应当掌握这些知识；同时具有一定的文化水平也会使调解员在调解过程中间起到积极化解矛盾和教育当事人的作用。（3）成年公民。担任调解员需要具备完全民事行为能力，同时必须是我国的公民。

138. 申请劳动争议仲裁应当如何拟定申请书？

在劳动争议发生后，劳动者或者用人单位需要提出仲裁申请的，通常情况下必须在争议发生之后1年内提出，并应当按照《劳动争议调解仲裁法》第28条的规定，准备相应内容及数量齐备的书面仲裁申请。

《劳动争议调解仲裁法》第28条规定，申请人申请仲裁应当提交书面仲裁申请，并按照被申请人人数提交副本。仲裁申请书应当载明下列事项：（1）劳动者的姓名、性别、年龄、职业、工作单位和住所，用人单位的名称、住所和法定代表人或者主要负责人的姓名、职务；（2）仲裁请求和所根据的事实、理由；（3）证据和证据来源、证人姓名和住所。书写仲裁申请确有困难的，可以口头申请，由劳动争议仲裁委员会记入笔录，并告知对方当事人。

139. 劳动争议仲裁和解与仲裁调解有什么区别?

仲裁和解，是指仲裁委员会受理争议案件后，仲裁庭作出仲裁裁决之前，双方当事人通过自愿平等协商，达成和解协议，以解决争议案件，终结仲裁程序的活动。仲裁调解，即在仲裁程序中，根据双方当事人的申请或者仲裁庭的自行决定，在仲裁庭的主持下，双方当事人就争议的权利义务自愿协商，达成协议，解决双方争议案件的活动及方式。

劳动争议仲裁和解与仲裁调解的主要区别为:（1）和解是双方当事人的自愿行为，不需要任何第三方的参与；而调解是在仲裁庭的主持下进行的。（2）仲裁庭不可以主动要求当事人和解，但可在作出裁决前先行调解。当事人自愿调解的，仲裁庭应当调解。调解不成的，应当及时作出裁决。（3）当事人达成和解协议的，可以请求仲裁庭根据和解协议作出裁决书，也可以撤回仲裁申请；而当事人达成调解协议的，仲裁庭应当制作调解书，或者根据调解协议的结果制作裁决书。

140. 什么情况下可以申请仲裁裁决先予执行?

《劳动争议调解仲裁法》第 44 条规定，仲裁庭对追索劳动报酬、工伤医疗费、经济补偿或者赔偿金的案件，根据当事人的申请，可以裁决先予执行，移送人民法院执行。仲裁庭裁决先予执行的，应当符合下列条件：（1）当事人之间权利义务关系明确；（2）不先予执行将严重影响申请人的生活。劳动者申请先予执行的，可以不提供担保。

由此可知，当事人如果是针对追索劳动报酬、工伤医疗费、经济补偿或者赔偿金的案件提出先予执行的申请，并且满足案件所涉当事人之间的权利义务关系明确、不先予执行将严重影响申请人的生活这两个条件，仲裁庭可以裁决先予执行，但是需要注意的是，仲裁庭只有裁决权，没有执行权。仲裁庭裁决先予执行后，应当移送人民法院予以执行。

141. 劳动争议可以不经仲裁而直接向人民法院起诉吗？

《劳动法》第79条规定，劳动争议发生后，当事人可以向本单位劳动争议调解委员会申请调解，调解不成，当事人一方要求仲裁的，可以向劳动争议仲裁委员会申请仲裁。当事人一方可以直接向劳动争议仲裁委员会申请仲裁。对仲裁裁决不服的，可以向人民法院提起诉讼。由此可知，在劳动者与用人单位发生劳动争议时，可以通过协商、调解、仲裁、诉讼等途径解决，其中，协商、调解不是劳动争议处理的必经程序，但仲裁是提起劳动争议诉讼的必经程序，也是处理劳动争议最重要的程序。

另外，需要注意的是，根据《劳动争议调解仲裁法》第43条第1款的规定，仲裁庭裁决劳动争议案件，应当自劳动争议仲裁委员会受理仲裁申请之日起45日内结束。案情复杂需要延期的，经劳动争议仲裁委员会主任批准，可以延期并书面通知当事人，但是延长期限不得超过15日。逾期未作出仲裁裁决的，当事人可以就该劳动争议事项向人民法院提起诉讼。也就是说，如果当事人将劳动争议提交劳动争议仲裁委员会仲裁之后，仲裁委员会逾期未作出裁决的，当事人可以将劳动争议提交人民法院进行诉讼。

142. 劳动争议经过仲裁庭最终裁决并制作仲裁文书后，劳动者可否向人民法院起诉？

情景再现

某甲在A公司已经工作了6年。在一次员工档案检查的过程中，A公司人事部工作人员发现某甲在应聘时提供了虚假的资格证书，认为某甲涉嫌欺诈，提出解除劳动合同。然而，某甲认为他虽然提供了虚假的资格证书，但公司是因为他的工作能力录用他的，该资格证书也并非招聘要求之一，公司无权与他解除劳动合同。某甲向工作地的劳动争议仲裁委员会申请了仲裁。劳动争议仲裁委员会依法对案件进行了仲裁，认为某甲的行为构成欺诈，A公司有权解除劳动合同。某甲对劳动争议仲裁委员会的仲裁裁决不服，他是否可以向人民法院起诉？

法律分析

通过诉讼手段解决劳动争议是法律赋予用人单位与劳动者的权利，根据《劳动法》《劳动争议调解仲裁法》的规定，劳动者对仲裁裁决不服的，可以向人民法院提起诉讼。具体包括两种不同情形，应区别处理。

（1）根据《劳动争议调解仲裁法》第47条的规定，针对①追索劳动报酬、工伤医疗费、经济补偿或者赔偿金，不超过当地月最低工资标准12个月金额的争议；②因执行国家的劳动标准在工作时间、休息休假、社会保险等方面发生的争议，仲裁裁决是终局裁决，裁决书自作出之日起发生法律效力，双方当事人必须按照仲裁裁决的要求履行，但这并不意味着当事人丧失了诉讼的权利。法律为了保护劳动者的合法权益，明确规定劳动者对上述仲裁裁决不服的，可以自收到仲裁裁决书之日起15日内向人民法院起诉。

（2）劳动者对《劳动争议调解仲裁法》第47条规定的劳动争议案件外的其他劳动争议案件的仲裁裁决不服的，可以自收到仲裁裁决书之日起 15 日内向人民法院提起诉讼；期满不起诉的，裁决书才发生法律效力，当事人应当根据裁决书要求履行。

143. 劳动争议经仲裁调解后，当事人可以反悔并另行提起诉讼吗?

《劳动争议调解仲裁法》第 42 条规定："仲裁庭在作出裁决前，应当先行调解。调解达成协议的，仲裁庭应当制作调解书。调解书应当写明仲裁请求和当事人协议的结果。调解书由仲裁员签名，加盖劳动争议仲裁委员会印章，送达双方当事人。调解书经双方当事人签收后，发生法律效力。调解不成或者调解书送达前，一方当事人反悔的，仲裁庭应当及时作出裁决。"因此，劳动争议仲裁委员会在自愿、合法的基础上依法对双方的劳动争议进行调解，争议双方达成一致的调解协议，且仲裁调解书已送达双方，被申请人也已按仲裁调解书履行了相关赔偿义务，该仲裁调解书才合法有效。

同时，《最高人民法院关于审理劳动争议案件适用法律若干问题的解释（三）》第 11 条规定，劳动人事争议仲裁委员会作出的调解书已经发生法律效力，一方当事人反悔提起诉讼的，人民法院不予受理；已经受理的，裁定驳回起诉。

综上所述，目前法律并未规定当事人可以通过起诉启动法院对仲裁调解书是否合法进行审查的程序。

144. 用人单位在哪些情况下可以申请撤销仲裁裁决？

情景再现

某甲与A公司关于加班费问题产生了争议，某甲认为他在2017年度共加班了45天，而公司仅支付了他其中30天的加班费；A公司根据某甲的考勤记录认为某甲在2017年确实只加班了30天，公司已经依法支付其加班费。某甲向当地劳动争议仲裁委员会申请了仲裁。在仲裁过程中，某甲提供了他的“钉钉软件”打卡记录，显示2017年他有45天加班记录，劳动争议仲裁委员会予以了认定，责令A公司补足某甲15天的加班费。A公司对此不服，认为某甲的打卡记录是伪造的，A公司能否申请撤销仲裁裁决？

法律分析

根据《劳动争议调解仲裁法》第47条的规定，下列劳动争议，除该法另有规定的外，仲裁裁决为终局裁决，裁决书自作出之日起发生法律效力：（1）追索劳动报酬、工伤医疗费、经济补偿或者赔偿金，不超过当地月最低工资标准12个月金额的争议；（2）因执行国家的劳动标准在工作时间、休息休假、社会保险等方面发生的争议。但是，这并不意味着如果劳动者或用人单位认为仲裁庭仲裁有误，也不能再寻求其他权利救济途径。

就用人单位而言，《劳动争议调解仲裁法》第49条赋予了它在上述情况下向法院起诉的权利。根据《劳动争议调解仲裁法》第49条第1款的规定，用人单位有证据证明仲裁裁决有下列情形之一，可以自收到仲裁裁决书之日起30日内向劳动争议仲裁委员会所在地的中级人民法院申请撤销裁决：（1）适用法律、法规确有错误的；（2）劳动争议仲裁委员会无管辖权的；（3）违反法定程序的；（4）裁决所根据的证据是伪造的；（5）对方当事人隐瞒了足以影响公正裁决的证据的；（6）仲裁员在仲裁该案时有索贿受贿、徇私舞弊、枉法裁决行为的。

在上述案例中，如果A公司有证据证明某甲提供的打卡记录是伪造的，它可以向所在地中级人民法院申请撤销仲裁庭裁决。

145.如果当事人不履行已经发生效力的调解书、仲裁裁决，怎么处理？

情景再现

某甲是A公司的职工，刚生完孩子且还在哺乳期。从2017年开始，A公司的经营效益直线下降，生产情况不断恶化。为此，A公司决定减员增效，进行经济性裁员，共需裁员50人。公司以某甲工作能力有限，不符合公司未来发展需要为由，将她纳入裁员名单中，最终将她辞退。某甲认为自己还在哺乳期，公司依法不能辞退她，于是向A公司所在地的劳动争议仲裁委员会申请仲裁。仲裁委员会受理该案后经审理作出裁决，某甲尚在哺乳期，根据《劳动合同法》第42条的规定，A公司不得解除与她的劳动合同，要求A公司恢复与某甲的劳动关系。但是，仲裁裁决生效后，A公司一直拒不执行。

法律分析

根据《劳动争议调解仲裁法》的规定，涉及追索劳动报酬、工伤医疗费、经济补偿或者赔偿金，不超过当地月最低工资标准12个月金额的争议；因执行国家的劳动标准在工作时间、休息休假、社会保险等方面发生的争议的仲裁裁决，裁决书自作出之日起发生法律效力。涉及其他劳动争议的仲裁裁决，当事人在收到裁决书之日起15日内不起诉的，裁决书发生效力。因此，若当事人依法不起诉，应当遵照裁决书内容履行义务。同样的，劳动争议经调解并作出调解书后，若当事人不申请仲裁也不起诉的，也应当遵照调解书内容履行义务。但是，如果一方拒不履行，在这种情况下，法律为保护另一方的合法权益，规定了另一方当事人可以依照民事诉讼法的有关规定向人民法院申请执行。受理申请的人民法院应当依法执行。

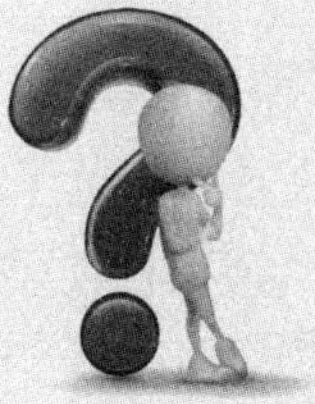

第九章

CHAPTER 9

劳动监督检查

146. 我国的劳动监督检查体系是怎样的？

劳动监督检查是指法律规定的行政主体或法律授权的社会组织为保护劳动者的合法权益，对用人单位和劳动服务主体遵守劳动法律、法规的情况进行的监督检查，又称劳动监督。依据我国《劳动法》和有关法规的规定，我国的劳动监督检查体系由行政监督和社会监督两部分组成。其中，行政监督由劳动监察和相关行政监督组成，社会监督主要包括工会监督和群众监督。

（1）劳动行政部门监督是劳动监督检查的主要部分。《劳动法》第 85 条规定："县级以上各级人民政府劳动行政部门依法对用人单位遵守劳动法律、法规的情况进行监督检查，对违反劳动法律、法规的行为有权制止，并责令改正。"劳动行政部门监督是最全面、约束力度最大的劳动监督。根据相关法律法规的规定，国务院人力资源和社会保障部、卫生健康委员会、应急管理部等部门为中央劳动行政部门，根据各自职责范围进行劳动监督检查，地方各级县以上政府均设有对应的劳动和社会保障机构和安全生产监督管理机构负责地方劳动监督检查。

（2）相关行政部门的监督，主要包括企业所在地的行政主管部门、财政部门、税务部门、审计部门、工商行政管理部门、技术监督部门、公安机关、卫生行政管理部门、教育行政管理部门等机关进行的监督检查工作。

（3）工会是最主要的社会监督组织。《劳动法》第88条第1款规定：“各级工会依法维护劳动者的合法权益，对用人单位遵守劳动法律、法规的情况进行监督。”依据《工会法》的规定，工会是职工自愿结合的工人阶级的群众组织，全国总工会及其各工会组织代表职工的利益，依法维护职工的合法权益。监督用人单位遵守劳动法，是《劳动法》和《工会法》赋予工会的一项基本职责。

（4）在劳动监督体系中，群众监督是对劳动行政部门监督、其他行政机关监督和工会监督的必要补充。充分发挥人民群众在这方面的作用，对于督促用人单位严格遵守劳动法律、法规，切实保障劳动者的合法权益具有十分重要的意义。

147. 劳动监督检查应当坚持什么原则?

劳动监督检查的目的是使劳动法律法规得以实施，实现劳动法的宗旨，重点是保护劳动者的合法权益。为此，劳动监督检查必须坚持保障劳动者权益原则、公开公正原则、高效便民原则、教育与处罚相结合的原则。

（1）保障劳动者权益原则。劳动者往往处于相对弱势的地位，因此，劳动保障行政部门有责任和义务对作为弱势群体的劳动者提供法律保障。对于用人单位侵犯劳动者权益的行为，应当进行查处和处罚。

（2）公开公正原则。劳动监督检查执法活动原则上应当向社会公开。公开的内容包括劳动监督检查所依据的法律、法规、规章，未经公布的不得作为监督检查的执法依据。劳动监督检查的职责、内容、举报投诉电话也应当向社会公开，这样既保障了行政相对人的知情权，也是社会公众监督的重要途径。公正原则要求劳动检查监督必须以事实为根据，以法律为准绳。在执法中要平等地对待行政相对人，不搞差别待遇。实施处罚时，必须依法办事，要按照违法的情节、损害的后果等因素，综合确定处罚的数额。

（3）高效便民原则。在监督检查执法活动中，相关部门应严格在规定的时限内完成监督检查事项，提高工作效率，不影响用人单位正常的生产和经营活动，及时查处和纠正违法行为。这一原则贯穿于《劳动保障监察条例》始终。按照这一原则的要求，劳动行政部门应当向社会公布举报投诉的电话、监督检查机构的地址，设立举报投诉信箱，有条件的可以开通网上举报，方便群众举报。

（4）教育与处罚相结合的原则。这一原则首先要求行政机构明确处罚的目的是教育当事人，促使其自觉遵守法律。即处罚是手段，不是目的，但也不能只教育，不处罚。既要对用人单位的违法行为给予必要的处罚和制裁，又要通过教育增强其法律意识，实现监督的双重功效。

148. 用人单位侵犯劳动者合法权益应当承担什么责任？

许多劳动争议是因为用人单位侵犯劳动者的合法权益而发生的。《劳动法》等法律列举了多种用人单位违反法律的行为，如劳动规章制度违法、用人单位违反劳动安全卫生规定、强令劳动者违章作业、非法招用未成年工、违反女职工和未成年工保护规定、侵犯劳动者人身自由、订立无效合同、违法解除或故意拖延不订立劳动合同、招用尚未解除劳动合同者、不缴纳社会保险费、阻挠监督检查、打击报复举报人员等。通常来说，用人单位违反法律规定，作出侵犯劳动者的不法行为的，需要承担行政责任，如用人单位制定的劳动规章制度违反法律、法规规定的，由劳动行政部门给予警告，责令改正；对劳动者造成损害的，应当承担赔偿责任；用人单位非法招用未满16周岁的未成年人的，由劳动行政部门责令改正，处以罚款；情节严重的，由工商行政管理部门吊销营业执照。

在下列情况下，用人单位不仅要承担行政责任，还要承担民事责任，具体包括支付劳动者工资报酬、经济补偿、赔偿金：

（1）克扣或者无故拖欠劳动者工资的；（2）拒不支付劳动者延长工作时间工资报酬的；（3）低于当地最低工资标准支付劳动者工资的；（4）解除劳动合同后，未依照《劳动合同法》规定给予劳动者经济补偿的。

而在某些严重违法的情况下，用人单位甚至要承担刑事责任，如用人单位的劳动安全设施和劳动卫生条件不符合国家规定或者未向劳动者提供必要的劳动防护用品和劳动保护设施的，由劳动行政部门或者有关部门责令改正，可以处以罚款；情节严重的，提请县级以上人民政府决定责令停产整顿；对事故隐患不采取措施，致使发生重大事故，造成劳动者生命和财产损失的，对责任人员比照《刑法》第187条的规定追究刑事责任。

149 用人单位无故不缴纳社会保险费有何后果？

根据《劳动法》《社会保障法》等法律规定，我国的社会保险体系由基本养老保险、基本医疗保险、工伤保险、失业保险、生育保险组成。按照法律的规定，在上述社会保险中，若劳动者在用人单位就业，基本养老保险、基本医疗保险、失业保险的保险费由用人单位与职工共同缴纳，工伤保险与生育保险的报销费由用人单位单独缴纳。用人单位具有不可推卸的社会保险费的缴纳义务。但是，部分用人单位为节省费用，不愿意为劳动者缴纳社会保险费。针对这种情况，国家一方面要求用人单位应当自行申报、按时足额缴纳社会保险费，非因不可抗力等法定事由不得缓缴、减免；另一方面要求社会保险费征收机构应当依法按时足额征收社会保险费。而对于用人单位拒不缴纳的情况，《社会保险法》针对不同情形作出了明确规定。

（1）如果用人单位未按规定申报应当缴纳的社会保险费数额，社会保险费征收机构按照该单位上月缴费额的110%确定应当缴纳数额；缴费单位补办申报手续后，由社会保险费征收机构按照规定结算。

（2）用人单位未按时足额缴纳社会保险费的，由社会保险费征收机构责令其限期缴纳或者补足。用人单位逾期仍未缴纳或者补足社会保险费的，社会保险费征收机构可以向银行和其他金融机构查询其存款账户；并可以申请县级以上有关行政部门作出划拨社会保险费的决定，书面通知其开户银行或者其他金融机构划拨社会保险费。用人单位账户余额少于应当缴纳的社会保险费的，社会保险费征收机构可以要求该用人单位提供担保，签订延期缴费协议。用人单位未足额缴纳社会保险费且未提供担保的，社会保险费征收机构可以申请人民法院扣押、查封、拍卖其价值相当于应当缴纳社会保险费的财产，以拍卖所得抵缴社会保险费。

150. 劳动者故意严重违反规章制度并造成实际损失的，用人单位可否主张赔偿？

情景再现

某甲是A公司职工。2014年6月16日至同月19日，某甲等26人因工资待遇问题协商不成擅自停工，并阻碍单位安排其他劳动者恢复生产，造成直接损失20余万元。2014年6月25日，A公司依据《员工手册》与某甲解除劳动合同。2014年7月10日，某甲提出仲裁申请，要求A公司支付违法解除劳动合同的赔偿金。2014年7月24日，A公司提起反申请，要求某甲赔偿给单位造成的损失。

劳动争议仲裁委员会查明：某甲组织、参与停工系事实，该行为严重违反单位规章制度。A公司规章制度制定程序合法、内容并未违反法律规定且经过某甲签字确认，A公司解除劳动合同的依据和程序合法，并不构成违法解除。某甲在明知规章制度规定“组织、参与停工、怠工为严重违纪，可解除劳动合同”的情形下，仍然组织、参与停工并对单位造成损失。因此，对某甲的主张违法解除劳动合同赔偿金的仲裁请求不予支持，裁决某甲赔偿A公司部分实际损失。

法律分析

根据《劳动法》第102条的规定，劳动者违反该法规定的条件解除劳动合同或者违反劳动合同中约定的保密事项，对用人单位造成经济损失的，应当依法承担赔偿责任。劳动者因故意行为给用人单位造成实际损失的，如果双方劳动合同或单位规章制度中明确规定了劳动者承担损失赔偿义务，用人单位有权要求劳动者承担相应的赔偿责任，具体可分为以下两种情形：（1）如果用人单位不要求解除劳动合同，仅要求劳动者赔偿损失的，因劳动者本人原因给用人单位造成经济损失的，用人单位可按照劳动合同的约定要求其赔偿经济损失。经济损失的赔偿，可从劳动者本人的工资中扣除，但每月扣除的部分不得超过劳动者当月工资的20%，且剩余工资部分不得低于当地月最低工资标准。（2）如果用人单位以严重违反规章制度为由解除劳动合同，同时向劳动者要求财产损害赔偿的，如果劳动者主观上存在故意，应由劳动者承担赔偿责任。

图书在版编目 (CIP) 数据

爱问法律百科 . 劳动法必知 150 问 / 申屠良瑜著 .—北京：中国法制出版社，2019.3

ISBN 978-7-5216-0023-0

Ⅰ . ①爱…　Ⅱ . ①申…　Ⅲ . ①劳动法 – 中国 – 问题解答 Ⅳ . ① D920.5

中国版本图书馆 CIP 数据核字（2019）第 023465 号

责任编辑：王佩琳（wangpeilin@zgfzs.com）　秦智贤　　　封面设计：李宁

爱问法律百科：劳动法必知 150 问

AI WEN FALÜ BAIKE：LAODONGFA BIZHI 150 WEN

著者 / 申屠良瑜

经销 / 新华书店

印刷 / 三河市紫恒印装有限公司

开本 / 880 毫米 ×1230 毫米　32 开　　　印张 / 8　字数 / 145 千

版次 / 2019 年 3 月第 1 版　　　2019 年 3 月第 1 次印刷

中国法制出版社出版

书号 ISBN 978-7-5216-0023-0　　　定价：30.00 元

北京西单横二条 2 号　　　值班电话：010-66026508

邮政编码 100031　　　传真：010-66031119

网址：http://www.zgfzs.com　　　**编辑部电话：010-66038139**

市场营销部电话：010-66033393　　　**邮购部电话：010-66033288**

（如有印装质量问题，请与本社印务部联系调换。电话：010-66032926）